우리나라와 세계를 빛낸
저학년 교과서
위인 50명

주유정 글 / 백용원 외 그림

2025년 9월 30일 1판 4쇄 **펴냄**
2023년 8월 25일 1판 1쇄 **펴냄**

펴낸곳 (주)효리원
펴낸이 윤종근
글 주유정 · **그림** 백용원, 강우권, 김광배, 김태현, 신찬식, 원유미 외 31명
사진 Shutterstock.com · Avigator Thailand 28쪽 / Park harin 55쪽 / zainabsoly 표지
등록 1990년 12월 20일 · **번호** 2-1108
우편 번호 03147
주소 서울시 종로구 삼일대로 457, 406호
전화 02)3675-5222 · **팩스** 02)765-5222

ⓒ 2016 · 2019 · 2023 (주)효리원

잘못 만들어진 책은 구입하신 서점에서 바꾸어 드립니다.
ISBN 978-89-281-0623-3   74810

이메일 hyoreewon@hyoreewon.com
홈페이지 www.hyoreewon.com

머리말

　초등학교 때는 꿈의 밑그림을 그려야 합니다. 시련을 이겨 낸 위인들의 이야기는 꿈의 밑그림을 구상하는 데 많은 도움이 됩니다. 위인들이 살아온 길을 더듬어 보는 것만으로도 세상에는 여러 형태의 삶이 존재하고 누구든 의미 있는 삶을 살 수 있다는 것을 깨달을 수 있기 때문입니다.

　교과서에 나오는 위인을 중심으로 만든 『저학년 교과서 위인 50명』은 위인의 업적을 간결한 글과 그림으로 구성하여, 저학년 어린이들이 지루하지 않게 읽을 수 있습니다. 또한 위인과 연관된 역사 상식도 수록하여 역사에 대한 지식도 얻을 수 있습니다.

　이 책이 무한한 가능성이 열려 있는 저학년 어린이들에게 좋은 길잡이가 되기를 바라며, 인성 발달과 가치관 형성에도 긍정적인 역할을 하기를 기대합니다.

글쓴이 주유정

차 례

제1장 용감하고 충성스러운 사람들

01 살수에서 수나라 군대를 무찌른
을지문덕 ·········· 8

02 당나라를 막기 위해 천리장성를 쌓은
연개소문 ·········· 12

03 발해를 세운 고구려 사람
대조영 ·········· 16

04 귀주에서 거란을 물리친
강감찬 ·········· 20

05 거북선으로 일본군을 무찌른
이순신 ·········· 24

06 몽골을 통일하고 대제국을 건설한
칭기즈 칸 ·········· 28

07 유럽을 벌벌 떨게 한
나폴레옹 ·········· 30

08 노예를 해방시킨 대통령
링컨 ·········· 32

09 고구려를 대제국으로 만든
광개토 대왕 ·········· 34

10 동아시아를 지킨 바다의 왕자
장보고 ·········· 38

11 일본군 장수를 껴안고 강물로 뛰어든
논개 ·········· 42

12 이토 히로부미를 저격한
안중근 ·········· 46

13 만세 운동을 이끈 애국 소녀
유관순 ·········· 50

14 일본군 대장을 향해 폭탄을 던진
윤봉길 ·········· 54

제2장 생각하고 실천하는 사람들

15 백성을 위해 한글을 만든
세종 대왕 ·········· 58

16 「동의보감」을 지은
허준 ·········· 62

17 백성을 위해 전 재산을 기부한
김만덕 ·········· 64

18 어린이날을 만든
방정환 ·········· 68

19 전쟁터에서 아픈 사람들을 돌본
나이팅게일 ·········· 70

20 아프리카의 성자로 불리는
슈바이처 ·········· 72

21 가난하고 병든 사람들을 보살핀
테레사 수녀 ·········· 74

22 청렴했던 명재상
황희 ·········· 76

23 우정을 나누며 나라를 지킨
오성과 한음 ·········· 80

24 하나 된 나라를 꿈꾼 민족의 지도자
김구 ·········· 84

25 독립과 교육에 헌신한
안창호 ·········· 88

26 사랑을 실천한 교육자
페스탈로치 ——— 92

27 우리나라 지도 제작에 일생을 바친
김정호 ——— 94

28 장애를 이겨 낸 희망의 전도사
헬렌 켈러 ——— 98

29 예술가이자 현모양처였던
신사임당 ——— 100

30 남아프리카 공화국 최초의 흑인 대통령
만델라 ——— 104

31 평등한 세상을 꿈꾸었던
마틴 루서 킹 ——— 106

제3장 탐구하고 창조하는 사람들

32 다이너마이트를 발명한
노벨 ——— 110

33 최초로 동력 비행기를 발명한
라이트 형제 ——— 112

34 궁중 음악을 정리한
박연 ——— 114

35 백성들의 삶을 그린
김홍도 ——— 118

36 다재다능했던 천재
레오나르도 다빈치 ——— 122

37 이야기로 세상을 울리고 웃긴
셰익스피어 ——— 124

38 시련을 극복하고 걸작을 탄생시킨
베토벤 ——— 126

39 어린이들을 위해 이야기를 지은
안데르센 ——— 128

40 화약을 만들어 왜구를 무찌른
최무선 ——— 130

41 조선의 천재 과학자
장영실 ——— 134

42 실용적인 학문을 중시한
정약용 ——— 138

43 근대 과학의 아버지로 불리는
갈릴레이 ——— 142

44 사과로 우주의 비밀을 발견한
뉴턴 ——— 144

45 1000여 종의 특허를 낸 발명왕
에디슨 ——— 146

46 라듐을 발견한
마리 퀴리 ——— 148

47 세상을 바라보는 시각을 바꾼
아인슈타인 ——— 150

48 휠체어에서 우주를 연구한
스티븐 호킹 ——— 152

49 상상력으로 21세기의 아이콘이 된
스티브 잡스 ——— 154

50 마이크로소프트사를 세운 컴퓨터 황제
빌 게이츠 ——— 156

제1장
용감하고 충성스러운 사람들

01

살수에서 수나라 군대를 무찌른
을지문덕

시대 고구려　**출생~사망** 6세기(?)~7세기(?)
업적 고구려를 처들어온 30만 대군의 수나라를 '살수대첩'으로 이끌어 큰 승리를 거둠.

한반도 북쪽에 있던 고구려는 중국과 부딪치는 경우가 많았어요. 을지문덕이 살았던 시대도 다르지 않았지요. 중국 대륙을 통일한 수나라는 612년 113만 명이나 되는 대군을 이끌고 고구려를 공격해 왔어요.

지략이 뛰어났던 을지문덕은 군사를 이끌고 요동성으로 들어가 버티었어요. 요동

성은 수나라의 국경과 가까운 성이었어요.
 한 달이 넘도록 성을 함락하지 못하자 초조해진 수나라는 30만 명의 군사를 뽑아 별동대(작전을 위해 본래의 부대에서 떨어져 나와 움직이는 부대)를 만들어 공격했어요.
 "장군님, 수나라 군대가 평양성으로 오고 있습니다!"

을지문덕은 항복하는 척하면서 별동대가 머무르는 곳으로 갔어요. 가서 보니 수나라 군사들은 지치고 굶주려 있었어요.

정탐을 마치고 돌아온 을지문덕은 적의 힘을 완전히 빼놓기로 작정했어요. 그래서 소규모의 군대를 이끌고 적진에 들어갔다가 지는 척 후퇴하기를 몇 번이나 반복했어요.

수나라 군사들은 아무것도 모른 채 고구려군의 뒤를 쫓아 평양성 근처까지 오게 되었지요. 그때 을지문덕이 명령을 내렸어요.

"고구려의 군사들이여! 적을 공격하라!"

그제야 을지문덕의 꾐에 빠진 것을 안 수나라 군사들은 서둘러 후퇴하기 시작했어요.

하지만 때는 이미 늦었어요. 을지문덕이 이끄는 고구려군은 살수(지금의 청천강)를 건너는 수나라 군사를 향해 공격을 퍼부었어요. 수나라 군사들은 강 중간에서 제대로 공격도 하지 못하고 허우적거리다 대부분 목숨을 잃었어요.

마침내 고구려군의 승리로 끝난 이 전쟁을 '살수 대첩'이라고 한답니다.

02

당나라를 막기 위해 천리장성을 쌓은

연개소문

시대 고구려　**출생~사망** ?~666년
업적 천리장성을 쌓아 중국 당나라의 잦은 침략에서 고구려를 지켜 냄.

　　연개소문의 집안은 대대로 높은 벼슬을 지냈어요. 재주가 뛰어났던 연개소문도 어린 나이에 높은 관직에 올랐지요.
　　그 무렵 중국은 수나라가 멸망하고 당나라가 세워졌어요. 상황을 지켜보던 고구려 영류왕은 서쪽 국경에 성을 쌓아 당나라의 침입에 대비해야 한다고 생각했어요.
　　"이 일을 연개소문에게 맡기도록 하라!"
　　연개소문은 부여성(지금의 중국 지린성 눙안)에서부터 비사성(지금의 중국 랴오닝성 다롄)까지 연결되는 성을 쌓았어요. 16년 동안 만들어진 이 성은 길이가 1,000리에 이르렀어요. 그래서 '천리장성'이라 불렀지요.
　　성을 쌓는 동안 연개소문을 따르는 사람들이 늘어났어

요. 연개소문의 힘이 커지는 것을 두려워한 영류왕은 연개소문을 죽이려 했어요.

 이 계획을 눈치챈 연개소문은 영류왕을 제거한 뒤 보장왕을 왕위에 앉혔어요. 그리고 자신은 고구려 최고 관직인 대막리지에 올랐답니다.

"큰일 났다! 당나라가 쳐들어온다!"

전쟁 준비를 마친 당나라 태종은 645년 고구려를 침략했어요. 하지만 연개소문과 용감한 군사들이 버티고 있는 고구려는 만만한 상대가 아니었어요. 마침내 싸움에 진 태종은 당나라로 도망을 갔어요.

태종의 뒤를 이어 왕위에 오른 고종도 고구려를 공격해 왔지만 이번에도 승리는 고구려에 돌아갔어요.

이후 당나라는 연개소문의 이름만 들어도 벌벌 떨었어요. 그리고 연개소문이 살아 있는 동안은 고구려를 쳐들어오지 못했답니다.

03 발해를 세운 고구려 사람
대조영

시대 발해 **출생~사망** ?~719년
업적 나라 잃은 고구려 사람들을 모아 옛 고구려 땅에 발해를 세움.

한반도 남쪽에서 중국 요동 지역까지 넓은 영토를 차지하고 있던 고구려는, 668년 신라와 당나라 연합군의 공격에 멸망하고 말았어요.

고구려 백성들이 다시 나라를 세울지도 모른다는 생각이 든 당나라는 고구려 사람들을 랴오허강 서쪽으로 끌고 갔어요.

그들 가운데 유난히 씩씩했던 대조영은 고구려 사람들을 이끄는 지도자가 되었답니다.

'고구려를 계승한 나라를 세우고 말겠어!'

당나라의 지배에서 벗어날 궁리를 하고 있던 어느 날, 거란족이 반란을 일으켰어요. 혼란에 빠진 당나라는 반란군을 무찌르는 데 집중했어요.

발해 유물인 용머리(위)와 도깨비 기와(아래)   불비상

　대조영은 이틈을 타 고구려 사람들과 말갈족을 이끌고 동쪽으로 이동했어요. 당나라 군대가 쫓아왔지만, 고구려 사람들은 맹렬한 기세로 싸워 이겼지요.

　698년 동모산(지금의 중국 지린성 둔화)에 도착한 대조영은 그곳에 도읍을 정하고 고구려를 계승한 '진' 나라를 세웠어요. 진은 713년 '발해'로 이름을 바꾸었지요.

　고구려의 문화에 당나라의 문화를 결합시킨 발해는 크게 번영하여, 예전 고구려가 차지했던 땅을 거의 다 회복했답니다.

04

귀주에서 거란을 물리친
강감찬

시대 고려　**출생~사망** 948년~1031년
업적 고려의 운명이 걸린 마지막 전투 '귀주대첩'에서 거란족을 크게 물리침.

　강감찬이 살던 시대에 고려와 거란의 사이는 좋지 않았어요. 거란은 세 차례에 걸쳐 고려를 쳐들어왔답니다. 첫 번째 전쟁은 993년에 일어났어요. 북쪽으로 진출하려는 고려를 탐탁지 않게 여긴 거란은 군사를 이끌고 고려에 쳐들어왔어요. 이때 고려는 거란을 쫓아내고 강동 6주를 차지했답니다.

　'고려를 그냥 두면 힘이 더 강해질 거야.'

　거란은 1010년에 다시 고려를 침략, 개경까지 밀고 내려왔어요. 다른 신하들은 항복하자고 주장했지만, 강감찬은 끝까지 반대했어요. 고려의 반격을 받은 거란은 어쩔 수 없이 철수했어요.

하지만 1018년 거란의 장수 소배압이 10만 명의 군사를 이끌고 다시 쳐들어왔어요. 총사령관이었던 강감찬은 군사를 이끌고 흥화진으로 갔어요. 그리고 흥화진 앞을 흐르는 냇물을 소가죽으로 막아 놓았어요.

"거란군이 강을 건널 때 소가죽을 끊어 물을 한꺼번에 내려보내도록 하라!"

거란군은 갑자기 밀려오는 세찬 물살에 놀라 허둥댔어요. 고려군은 이를 놓치지 않고 거란군을 향해 맹공격을

낙성대 | 강감찬이 태어날 때 집으로 큰 별이 떨어졌어요. 그래서 강감찬의 집을 '별이 떨어진 터'라는 뜻의 '낙성대'라고 불러요. 사진은 낙성대를 기리기 위해 조성된 공원이에요.

퍼부었지요.

철수하던 거란군을 뒤쫓던 강감찬은 이듬해 2월 귀주에서 다시 전투를 벌였어요. 때마침 바람이 거란군 쪽으로 불어 고려군이 쏜 화살은 거란군 진영에 비처럼 쏟아졌지요. 거란군은 앞다투어 도망치기 시작했답니다.

강감찬이 이끈 고려군이 완벽한 승리를 거둔 이 전투를 '귀주 대첩'이라고 한답니다.

05

거북선으로 일본군을 무찌른

이순신

시대 조선 **출생~사망** 1545년~1598년
업적 임진왜란에서 거북선을 만들어 23번의 싸움에서 23번을 이김으로써 동해안을 지켜 냄.

말타기와 활쏘기를 잘했던 이순신은 전쟁놀이를 좋아하는 소년이었어요. 어린 시절부터 무예에 뛰어난 자질을 보였지만, 무과에 급제한 것은 서른한 살 때였지요.

남해의 수군 지휘관이 된 이순신은 '튼튼한 배를 만들어 적의 침입에 대비해야겠다.'고 생각했어요.

이순신은 거북 모양의 철갑선을 만들기 시작했어요. 등에는 뾰족한 송곳을 촘촘히 꽂고, 배 앞머리와 옆구리에는 화포를 설치했어요.

그사이 일본은 조선을 침략할 준비를 하고 있었어요. 호시탐탐 기회를 노리던 일본은 1592년 임진왜란을 일으켰답니다.

외적의 침입에 대비하고 있었던 이순신은 수군을 이끌고

이순신 장군 동상 | 서울 세종로 한가운데에 있어요.

현충사 | 충무공 이순신을 기리기 위해 충청남도 아산시에 세운 사당이에요.

거북선 | 거북선은 125명에서 130명까지 탈 수 있어요.

옥포로 갔어요. 탁월한 지도력을 발휘하여 옥포에서 첫 승리를 거둔 이순신은 사천, 당포, 당항포, 한산도, 부산포 등에서도 큰 승리를 거두었지요.

'조선 수군이 이토록 강할 줄이야!'

전열을 가다듬은 일본은 1597년에 다시 쳐들어왔어요. 13척의 배를 이끌고 명량 해협으로 나간 이순신은, 133척

의 배를 끌고 온 일본군을 맞아 31척을 격파하는 대승을 거두었어요. 이 전투를 '명량 대첩'이라고 한답니다.

용맹과 지혜로 해군을 이끈 이순신은 20여 차례의 전투를 벌이는 동안 패배한 적이 단 한 번도 없었어요. 1598년 노량 앞바다에서 벌어진 마지막 전투도 마찬가지였어요.

하지만 안타깝게도 이순신은 이 전투에서 왜적이 쏜 조총에 맞아 세상을 떠나고 말았어요.

하 나 더

조선을 뒤흔든 임진왜란

일본은 1592년부터 1598년까지 두 차례에 걸쳐 조선을 침략했어요. 이 전쟁을 임진왜란이라고 해요. 7년에 걸친 전쟁은 온 나라를 폐허로 만들었어요. 많은 사람들이 죽거나 다쳤고, 질병이 들끓었어요. 일본에 노예나 포로로 끌려간 사람들도 많았고, 중요한 문화재들도 불에 타거나 약탈당했어요.

06 몽골을 통일하고 대제국을 건설한
칭기즈 칸

국적 몽골 제국 **출생~사망** 1162년(?)~1227년
업적 부족 국가였던 몽골을 통일하고 태평양에서 지중해에 이르는 유라시아 제국을 건설함.

테무친은 몽골의 부족장 아들로 태어났어요. 하지만 어릴 때 아버지를 잃고 가난하게 살았어요. 그때 몽골에는 수십여 개의 부족들이 있었는데, 부족들끼리 전쟁과 약탈이 끊이지 않았답니다.

'몽골인들이 하나로 뭉치면 평화롭고 강한 나라를 만들

수 있을 텐데!'

늘 이런 생각을 한 테무친은 몽골에 있는 여러 부족들을 정복하여 몽골을 통일하고, 몽골 제국의 지도자가 되었어요. 그리고 '칭기즈 칸'이라는 칭호를 받았어요.

초원의 강자가 된 칭기즈 칸은 서방 원정에 나섰어요. 뛰어난 기마 부대인 칭기즈 칸의 군대는 서유럽과 인도를 제외한 유럽과 아시아 지역 대부분을 정복했어요. 그리하여 인류 역사상 가장 넓은 땅을 차지한 나라가 되었답니다.

하나더
동서양을 이어 준 초원길과 비단길

세계에서 가장 먼저 사용된 교역로는 중국 북쪽에서 흑해 연안까지 이어진 초원길이에요. 또다른 교역로는 중국 한나라 때 개척된 비단길이에요. 중국에서 지중해까지 이어지는 길로, 중국의 비단이 이 길을 따라 유럽에 전해졌기 때문에 '비단길'이라고 불렀어요. 동서양을 이어 주는 두 개의 길을 차지한 몽골 제국 덕분에 유럽과 아시아의 교류는 더욱 활발해졌어요.

07

유럽을 벌벌 떨게 한

나폴레옹

국적 프랑스   **출생~사망** 1769년~1821년
업적 프랑스 혁명군의 영웅으로, 유럽을 정복하고 스스로 프랑스 황제의 자리에 오름.

　나폴레옹이 스무 살일 때 프랑스에 혁명이 일어났어요. 주변 나라들은 혁명의 불길이 자기 나라로 번질 것을 염려하여 반혁명 연합군을 꾸려 프랑스를 공격했어요.
　뛰어난 군인이었던 나폴레옹은 프랑스를 위협하는 나라들을 차례로 물리쳤어요.

그런데 이탈리아를 공격하기 위해 알프스산맥을 넘을 때 추위와 굶주림으로 많은 군사들이 쓰러졌어요.

나폴레옹은 포기하지 않고 지친 부하들을 격려했어요.

"내 사전에 불가능이란 없다!"

마침내 알프스산맥을 넘은 나폴레옹은 영국을 제외한 유럽 대부분을 장악했어요.

1804년 황제가 된 나폴레옹은 러시아 원정에 나섰지만, 패하고 엘바섬에 유배되었어요. 가까스로 섬을 탈출하여 유럽 연합군과 전쟁을 치렀지만 또다시 지고 말았지요.

그 후 남대서양의 세인트헬레나섬에 유배된 나폴레옹은 그곳에서 생을 마쳤답니다.

하 나 더

자유와 평등을 외친 프랑스 혁명

1789년~1799년, 프랑스의 평민들이 자유롭고 평등한 사회를 만들기 위해 특권층인 왕과 귀족들을 몰아내는 프랑스 혁명을 일으켰어요.

08

노예를 해방시킨 대통령
링컨

국적 미국 **출생~사망** 1809년~1865년
업적 미국의 16대 대통령으로, 노예 제도를 폐지하고 분열된 미국을 하나로 통합함.

링컨은 가난한 농민의 아들로 태어났어요. 학교는 거의 다니지 못했지만 매일 밤 혼자서 책을 읽고 공부를 했어요. 그렇게 열심히 노력한 링컨은 변호사가 되었어요.

그 당시 미국 사람들은 아무 거리낌 없이 아프리카에서 흑인들을 끌고 와 노예로 삼았어요. 링컨은 흑인들을 물건처럼 사고파는 광경에 큰 충격을 받았답니다.

'흑인이나 백인이나 모두 똑같은 사람인데, 흑인을 노예로 삼는 것은 옳지 않아. 노예가 없는 세상을 만들고야 말겠어!'

　꿈을 이루기 위해 정치가의 길을 걷기 시작한 링컨은, 1860년 마침내 미국 제16대 대통령에 당선되었어요.

　이듬해 노예 제도를 찬성하는 남부와 노예 제도를 반대하는 북부 사이에 전쟁이 일어났어요. 바로 남북 전쟁이에요. 4년에 걸친 전쟁은 북부의 승리로 끝이 났고, 링컨은 노예 제도를 폐지하여 노예를 해방시켰어요.

> **하나더**
>
> **미국의 노예들은 어디에서 왔을까요?**
>
> 17세기 무렵 유럽의 백인들은 아메리카 대륙으로 건너가 살았어요. 백인들은 농사지을 사람이 부족하자, 아프리카에서 흑인들을 데려와 노예로 부리며 농사를 지었어요. 그때부터 미국에 흑인 노예 제도가 생기게 되었답니다.

09 고구려를 대제국으로 만든
광개토 대왕

시대 고구려 **출생~사망** 374년~412년
업적 고구려 역사상 가장 넓은 땅을 다스리고 신라를 도와 왜구를 물리침.

광개토 대왕은 성격이 대담하고 지략이 뛰어났어요. 십대 시절에 이미 크고 작은 전쟁에 참여해 군사를 지휘할 정도였지요.

열여덟 살에 임금이 된 광개토 대왕은 큰 결심을 했어요.

"주변 나라들에 고구려의 힘을 보여 주겠다!"

당시 고구려는 중국, 백제, 신라에 둘러싸여 있었어요.

광개토 대왕은 제일

먼저 남쪽에 있는 백제를 공격했어요. 하늘을 찌를 듯한 고구려군의 기세에 백제는 제대로 싸워 보지도 못하고 많은 땅을 내주었어요.

한강 유역까지 영토를 넓힌 광개토 대왕은 북쪽에 있는

고구려 고분 벽화 | 무덤 안의 천장이나 벽에 그린 고분 벽화에는 고구려 사람들의 농사짓는 모습, 옷감 짜는 모습, 춤추는 모습, 씨름하는 모습, 사냥하는 모습 등이 정교하게 그려져 있어서 고구려 사람들의 일상을 엿볼 수 있어요.

만주로 눈을 돌렸어요. 그곳엔 후연, 동부여, 숙신, 거란 등 여러 나라들이 있었어요. 하지만 이들 나라 역시 광개토 대왕에게 차례로 무릎을 꿇었지요.

'넓은 영토를 차지했으니 이제는 나라를 안정시키는 일에 힘을 쏟아야겠다.'

광개토 대왕은 여러 지역을 다니며 백성들의 생활을 직접 살폈어요. 불교를 믿는 사람들을 위해 절도 짓고, 거대한 영토를 효율적으로 다스릴 수 있는 제도도 만들었어요.

광개토 대왕의 노력 덕분에 고구려는 평화롭고 부유한

나라가 되었어요. 문화 수준도 높아져 멋진 건축물과 고분 벽화와 같은 예술 작품도 많이 만들었어요. 그리하여 고구려는 동아시아를 주름잡는 대제국이 되었답니다.

하나 더

광개토 대왕릉비

광개토 대왕의 아들 장수왕이 세운 광개토 대왕릉비는 지금 중국 지린성 지안현에 있어요. 이곳은 약 400년 동안 고구려의 도읍지였던 국내성이 있던 곳이지요. 광개토 대왕릉비에는 한문으로 고구려가 만들어진 과정과 광개토 대왕의 업적이 자세히 적혀 있어요. 우리나라의 역사를 알려 주는 귀중한 자료인 광개토 대왕릉비는 높이가 6.39미터로 우리나라에서 가장 큰 비석이에요.

10

동아시아를 지킨 바다의 왕자
장보고

시대 통일신라 **출생~사망** ?~846년
업적 완도에 청해진을 세우고 동양의 해상권을 장악해 중국·일본과 무역함.

　장보고는 어린 시절부터 활을 잘 쏘았어요. 성격 또한 씩씩하고 용맹스러워 군인이 되기에 좋은 조건을 가지고 있었지만 신분이 낮아 실력을 발휘할 기회가 없었어요.

　고민하던 장보고는 중국 당나라에 가기로 마음먹었어요. 새로운 곳에서 새로운 길을 찾아보려 했던 것이지요.

　"저는 신라에서 온 장보고입니다. 무슨 일이든 시켜만 주시면 열심히 하겠습니다!"

　당나라 사람들은 장보고의 열정에 감탄했어요. 그래서 군대에 들어갈 수 있게 해 주었지요.

　당나라 군인이 된 장보고는 열심히 일했어요. 실력을 인정받은 장보고는 마침내 지휘관의 자리에까지 오르게 되

었답니다.

　어느 날, 군사를 거느리고 거리를 행진하던 장보고는 우연히 신라 사람들을 보게 되었어요. 그들은 해적에게 납치되어 당나라에 노비로 팔려 온 사람들이었지요.

　"노비 사세요. 신라에서 온 노비입니다!"

　충격을 받은 장보고는 신라 사람들을 구해야겠다고 결심하고, 신라로 돌아왔어요.

　"전하, 저에게 기회를 주신다면 청해에 진을 설치하여 바다에서 날뛰는 해적들을 모두 없애 버리겠습니다!"

장보고 공적비   장보고 동상

"오호, 아주 좋은 생각이오."

왕은 당장 장보고를 총책임자로 임명했어요.

828년에 청해로 간 장보고는 그곳에 1만여 명의 군사를 배치했어요. 그러고는 바다의 해적들을 모조리 무찔렀답니다.

바닷길이 안전해지자 장보고는 해상 무역에 힘을 기울였어요. 덕분에 당나라, 신라, 일본을 잇는 삼국 무역이 활발해졌답니다.

> **하나 더**
>
> **청해는 어디였을까요?**
>
> 청해는 지금의 전라남도 완도를 말해요. 완도는 중국과 일본을 오가는 길목으로 예부터 중요한 지역이었지요. 군대를 이끌고 청해로 간 장보고는 그곳에 해군 기지인 '청해진'을 설치했어요. 청해진은 해적으로부터 동아시아의 바다를 지키는 것이 임무였어요. 이후 바닷길을 이용하여 당나라, 신라, 일본을 잇는 삼국 무역을 주도했어요.

11

일본군 장수를 껴안고 강물로 뛰어든

논개

시대 조선 **출생~사망** ?~1593년
업적 임진왜란 때 진주성을 함락한 일본군 장수를 끌어안고 강으로 몸을 던짐.

　논개는 경상도 진주의 관기였어요. 관기는 관청에 소속된 기생을 말해요.

　1592년 임진왜란을 일으킨 일본군은 그 다음 해인 1593년에 진주성을 공격했어요. 진주 백성들은 용감히 맞서 싸웠지만 진주성을 내주고 말았답니다.

　일본군 장수는 남강이 내려다보이는 곳에서 승리를 기념하는 잔치를 열었어요.

　'절대 가만두지 않을 거야!'

　논개는 곱게 단장을 하고 잔치에 참석했어요. 논개의 아름다운 자태에 반한 일본군 장수는 논개에게서 눈을 떼지 못했지요.

논개는 잡힐 듯 말 듯 춤을 추며 일본군 장수를 남강 옆에 있는 높은 바위로 유인했어요. 아무것도 모르는 일본군 장수는 논개를 따라 바위로 올라갔지요.

　바로 그때, 논개는 일본군 장수의 허리를 꽉 끌어안은 채 남강으로 뛰어들었어요.

　"논개가 목숨을 바쳐 일본군 장수를 죽였대!"

　논개의 희생은 전투에 패해 절망에 빠져 있던 사람들에

진주성 | 임진왜란 때 일본군과 치열한 전투가 벌어졌던 곳이에요.

게 큰 용기를 주었어요.

　반면, 지휘관을 잃은 일본군의 사기는 바닥으로 떨어졌지요. 진주 사람들이 다시 저항하자 일본군은 서둘러 물러났어요.

　이후 논개는 '의기'로 불리게 되었어요. 의기는 '의로운 기생'이라는 뜻이랍니다.

12
이토 히로부미를 저격한
안중근

시대 일제강점기　**출생~사망** 1879년~1910년
업적 연해주 의병 운동을 일으켰으며 우리 민족의 독립을 위해 이토 히로부미에게 총을 쏨.

　안중근이 살던 시대에는 강한 나라가 약한 나라를 식민지로 삼는 일이 많았어요. 제일 먼저 시작한 나라는 영국과 프랑스였지요. 뒤늦게 뛰어든 일본과 러시아는 우리나라를 차지하기 위해 서로 으르렁거렸어요.

　마침내 1904년, 두 나라 사이에 전쟁이 일어났어요. 치열한 싸움 끝에 승리한 일본은 우리나라의 외교권을 빼앗기 위해 강제로 을사조약을 맺었어요.

　'억울하다, 이런 일이 벌어진 건 나라의 힘이 약하기 때문이야!'

　인재를 기르고 실력을 키워야 강한 나라가 된다고 믿은 안중근은 삼흥 학교와 돈의 학교를 세웠어요.

하지만 상황은 점점 더 나빠졌어요. 의병을 모집한 안중근은 세 차례에 걸쳐 일본군을 맹공격했어요. 첫 번째와 두 번째 전투는 승리했지만, 세 번째 전투는 패하고 말았어요.

'으흠, 안 되겠다. 러시아로 가서 함께 일본과 싸울 동지들을 찾아보자.'

 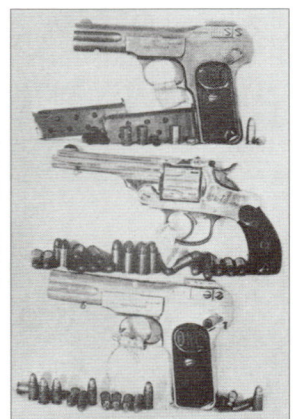

이토 히로부미를 저격한 안중근 | 저격 직후의 모습을 담은 그림이에요.   **저격할 때 사용한 권총과 실탄**

　러시아의 블라디보스토크에서 동지들을 만난 안중근은 우리나라를 식민지로 만드는 데 앞장선 이토 히로부미를 암살할 목표를 세웠어요.

　1909년 10월, 이토 히로부미가 중국을 방문한다는 소식을 들은 안중근은 하얼빈 역으로 갔어요. 그러고는 열차에

순국 전날 안중근 | 정근(오른쪽)과 공근(왼쪽), 두 동생을 만나고 있는 모습이에요.

서 내린 이토 히로부미를 향해 권총을 발사했어요.

이토 히로부미는 숨을 거두었고, 안중근은 그 자리에서 러시아 경찰에 체포되었어요.

그 후 일본으로부터 사형을 선고받은 안중근은 뤼순 감옥에서 세상을 떠났어요.

> **하나 더**
>
> ### 왜 '안중근 의사'라고 불러요?
>
> 의사는 '나라와 민족을 위해 자신의 몸을 바친 의로운 사람'을 뜻해요. 목숨을 잃을 수 있는데도 이토 히로부미를 향해 권총을 쏜 안중근은 무력으로 저항하다 의롭게 죽은 사람이에요. 그래서 의사라는 호칭을 붙인답니다.

13

만세 운동을 이끈 애국 소녀
유관순

시대 일제강점기　**출생~사망** 1902년~1920년
업적 이화 학당을 다니면서 3·1운동에 참가해 천안 아우내 장터에서 만세 운동을 일으킴.

　유관순이 아직 어린아이였을 때, 일본은 우리나라를 강제로 빼앗았어요.

　유관순의 아버지는 전 재산을 털어 학교와 교회를 세웠어요. 일본을 몰아내기 위해선 나라의 힘을 키워야 한다고 믿었기 때문이지요. 유관순은 그러한 아버지의 모습을 보며 자신도 꼭 나라를 위해 일해야겠다고 다짐했어요.

　그러던 1919년 3월 1일, 독립운동가들의 주도로 3·1 만세 운동이 일어났어요. 독립을 염원하는 수천 명의 사람들은 '대한 독립 만세'를 외치며 거리를 메웠어요.

　이화 학당 학생이던 유관순도 친구들과 함께 만세 운동에 참여했어요.

당황한 일본은 전국의 학교에 휴교령을 내렸어요. 유관순은 고향으로 내려갔어요.
"우리도 만세 운동을 합시다!"

고향인 천안에 내려온 유관순은 인근 지역을 다니며 만세 운동을 준비했어요.

마침내 1919년 4월 1일, 3천여 명의 사람들이 만세 운동에 참여하기 위해 천안의 아우내 장터로 몰려들었어요.

유관순은 밤새 만든 태극기를 사람들에게 나누어 주고

서대문 형무소 | 1908년에 지어진 감옥으로, 유관순을 비롯한 수많은 독립운동가들이 이곳에서 일본으로부터 모진 고문을 당했어요.

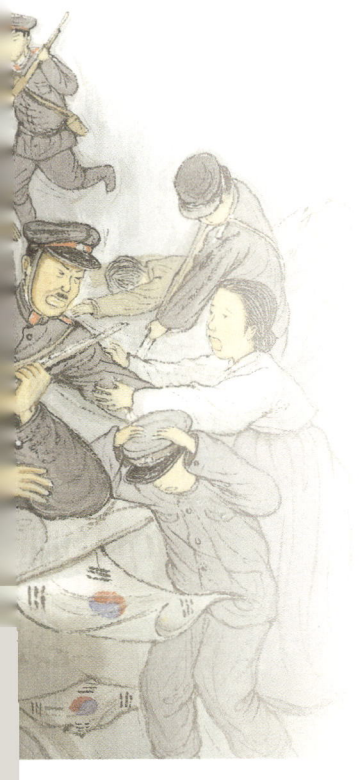

시위를 지휘했어요. 놀란 일본 경찰은 아우내 장터로 달려와 총과 칼로 우리나라 사람들을 죽이며 만세 운동을 저지했어요.

만세 운동을 주도한 유관순은 체포되어 서대문 형무소에 갇혔어요. 유관순은 감옥에서도 지지않고 '대한 독립 만세'를 외쳤답니다.

하지만 일본의 모진 고문으로 끝내 감옥에서 세상을 떠나고 말았어요.

14

일본군 대장을 향해 폭탄을 던진
윤봉길

시대 대한제국~일제강점기 **출생~사망** 1908년~1932년
업적 중국 상하이에서 일본의 전쟁 승리를 기념하여 열린 '천황 생일 축하' 행사장에서 물병 폭탄을 던짐.

    일본이 우리나라를 강제로 빼앗아 다스리던 일제 강점기 때, 윤봉길은 농촌 아이들을 가르치고, 농민을 계몽하는 일을 시작했어요. 일본은 그런 윤봉길을 간섭하며 탄압했어요.

    윤봉길은 일본을 피해 중국 상하이로 가 대한민국 임시 정부의 김구를 만났어요. 그리고 일본군을 공격할 계획을 세웠어요.

    1932년 4월 홍커우 공원에서 일본 천황의 생일을 기념해서 일본군 대장이 참석하는 큰 행사가 열렸어요.

    "우리 민족의 독립 의지를 보여 주겠다!"

    윤봉길은 물통 모양과 도시락 모양의 폭탄을 가지고 홍

커우 공원으로 갔어요. 그러고는 행사장 단상을 향해 폭탄을 던졌어요. 일본군 대장은 그 자리에서 목숨을 잃고, 근처에 있던 다른 요인들도 크게 다쳤어요.

 일본에 체포된 윤봉길은 일본으로 끌려가 사형을 선고받았어요. 윤봉길은 세상을 떠났지만, 이 일을 계기로 우리나라의 독립운동은 더욱더 활발해졌답니다.

제2장
생각하고 실천하는 사람들

15

백성을 위해 한글을 만든
세종 대왕

시대 조선 **출생~사망** 1397년~1450년
업적 조선 4대 왕으로, 조선 왕조의 바탕을 다지고 우리의 문자 '한글'을 만들어 널리 알림.

　조선 태종의 셋째 아들인 세종 대왕은 어려서부터 책읽기를 무척 좋아했어요. 책은 역사·과학·의학·음악 등 종류를 가리지 않고 두루 읽었어요.

　다양한 분야에 관심이 많았던 세종 대왕은 왕위에 오르자 학문을 연구하는 기관인 집현전을 만들었어요.

　"백성들이 편안하게 살 수 있는 방법을 연구하도록 하라!"

　세종 대왕은 세금을 공평하게 거두고, 노비들을 함부로 대하지 못하게 했어요. 또한, 우리나라 기후에 맞는 농사법을 연구해 널리 퍼뜨리고 해시계인 앙부일구, 물시계인 자격루, 비 온 양을 잴 수 있는 측우기 등 많은 과학적인

기구도 만들었어요.

   그런데 세종 대왕에게는 더 큰 고민이 있었어요. 바로 백성들이 글을 알지 못하는 것이었어요.

'백성들이 자신이 하고 싶은 말을 글로 쓰고, 읽을 수 있다면 얼마나 좋을까.'

그때까지 우리나라는 중국의 한자를 글로 사용하고 있었

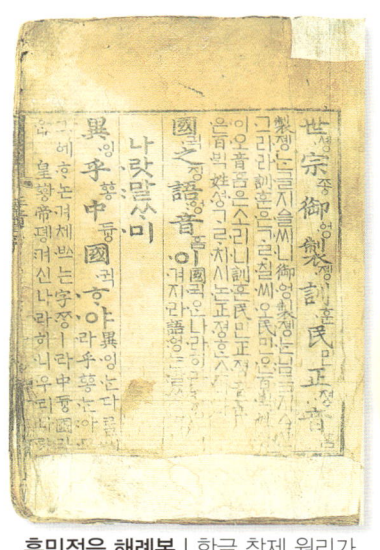

훈민정음 해례본 | 한글 창제 원리가 밝혀져 있어요.

어요. 복잡한 한자는 배우기가 쉽지 않은데다, 양반이나 배울 수 있어서 일반 백성들은 배울 엄두조차 내지 못했어요. 그러다 보니 백성들은 글을 몰라 억울한 일을 당하는 일이 많았답니다.

  이를 안타깝게 여긴 세종 대왕은 오랜 연구 끝에 우리말을 적을 수 있는 새로운 문자인 한글을 만들었어요. 한글은 한자처럼 복잡하지 않아 누구나 배우기 쉬웠어요.

  세종 대왕 덕분에 우리 백성들은 자신의 생각을 글로 쓰고, 읽을 수 있게 되었답니다.

16 『동의보감』을 지은 허준

시대 조선　**출생~사망** 1539년~1615년
업적 동양의 의서를 우리나라 실정에 맞게
『동의보감』을 지어 한의학을 체계화함.

　허준은 양반 가문에서 첩의 아들로 태어났어요. 어려서부터 유난히 의학에 관심이 많았던 허준은 의학 공부를 열심히 하여 마침내 의관이 되었어요.

　내의원에 들어간 허준은 동양의 온갖 의서를 연구해 궁중에서 쓸 약을 만들었어요. 점차 의학적 지식이 높아지면서 허준은 임금의 병을 치료하는 어의가 되었답니다.

　어느 날, 궁이 발칵 뒤집히는 사건이 발생했어요.

"왕자님께서 두창(천연두)에 걸리셨대!"

　두창은 사망률이 높아, 내의원 의원들은 선뜻 왕자를 치료하겠다고 나서지 못했어요. 그때 허준이 나섰고, 치료를 받은 광해군은 병이 깨끗이 나았답니다.

1592년, 바다 건너 일본이 쳐들어와 임진왜란이 일어났어요. 임진왜란으로 조선 땅은 황폐해졌고, 사람들은 질병으로 고생을 했어요. 그 당시 조선에는 여러 종류의 의학 책이 있었어요. 선조는 우리에게 맞는 의학 책을 만들 결심을 하고, 허준을 불렀어요.

"우리 백성들에게 실제로 도움이 될 수 있는 자료만 모아 우리만의 의서를 만들도록 하라."

허준은 의학 책들을 읽으며 연구를 시작했어요. 마침내 1610년, 허준은 『동의보감』을 완성했어요. 14년 만에 완성한 『동의보감』은 당시의 의학 지식을 모두 담은 조선 최고의 의서였어요. 중국과 일본에까지 널리 알려진 『동의보감』은 2009년 세계 기록유산으로 등재되었어요.

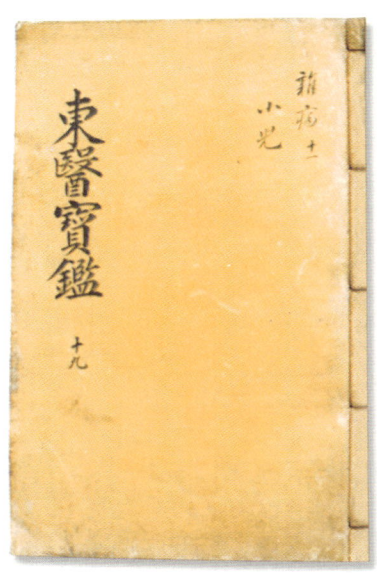

동의보감 | 중국과 우리나라의 의학서를 모아 엮은 의학서예요. 병의 예방을 강조하고, 질병을 체계적인 분류해 각 병마다 진단과 처방을 정리했어요. 동양에서 가장 우수한 의학서의 하나로 평가된답니다.

17

백성을 위해 전 재산을 기부한

김만덕

시대 조선 **출생~사망** 1739년~1812년
업적 흉년이 들어 배고픔에 시달리는 제주도민을 살리기 위해 전 재산을 기부함.

　제주도에서 태어난 김만덕은 어릴 때 부모님을 잃었어요. 어린아이가 혼자 살기에는 세상이 너무 춥고 배고팠어요. 하는 수 없이 김만덕은 동네에 살던 기생을 찾아가 몸종으로 써 달라고 했어요.

　"너, 혹시 기생이 될 생각은 없니?"

　기생의 수양딸이 된 김만덕은 춤과 노래를 배웠어요. 타고난 미모와 뛰어난 재주, 성실한 노력으로 김만덕은 제주도에서 유명한 기생이 되었어요. 하지만 김만덕은 행복하지 않았어요.

　고민을 하던 김만덕은 기생을 그만두고 다른 일을 하기로 결심했어요. 그래서 관청을 찾아가 기생 명단에서 자신

의 이름을 빼 달라고 끈질기게 요구했어요.

"또, 왔군요. 이름을 지워 줄 테니 제발 그만 좀 찾아오시오!"

양인 신분을 회복한 김만덕은 장사를 시작했어요. 육지에 제주도의 물건을 팔고, 육지의 물건을 제주도에 들여와 팔았어요. 김만덕은 곧 큰 부자가 되었어요.

김만덕 기념관 | 김만덕의 업적을 기리기 위해 제주시에 세웠어요. 김만덕의 일대기를 적은 글과 유품들이 전시되어 있어요.

어느 해, 제주도에 큰 흉년이 들어 굶어 죽는 사람들이 생겨났어요.

"전 재산을 내놓을 테니 이 돈으로 쌀을 사 제주도 사람들에게 나누어 주세요!"

자신의 것을 아낌없이 나누어 준 김만덕의 선행은 많은 사람들에게 감동을 주었어요.

이에 정조는 여인의 몸으로 큰일을 해낸 김만덕을 칭찬하며 상을 내렸답니다.

18

어린이날을 만든
방정환

시대 일제강점기 **출생~사망** 1899년~1931년
업적 어린이를 사랑하여 한국 최초로 어린이를 위한 잡지 「어린이」를 펴냄.

    방정환은 지금의 초등학교를 졸업하고 상급 학교에 진학했지만 집안 형편이 어려워 학교를 그만두었어요. 하지만 '열심히 살다 보면 반드시 기회가 올 거야!' 라며 희망을 버

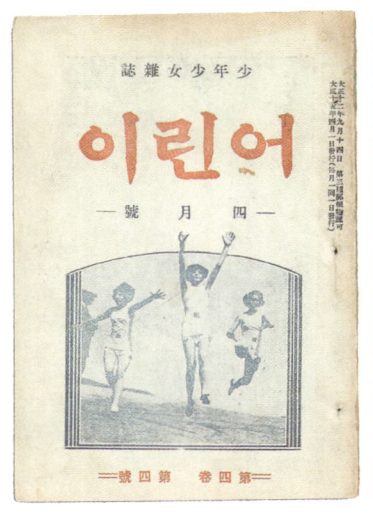 

잡지 「어린이」와 「학생」
소년 소녀 잡지 「어린이」 4월호(개벽사, 1926)와 방정환이 편집 겸 발행인으로 창간한 중학생 잡지 「학생」 창간호(1929)입니다.

리지 않았지요.

  천도교 교주 손병희의 도움으로 상급 학교를 다니게 된 방정환은 졸업 후 일본으로 건너가 대학에 들어갔어요. 그곳에서 아동 문학과 아동 심리학을 배우면서 나라의 미래는 아이들에게 달려 있다는 사실을 깨달았어요.

  "아이들을 보호하는 일에 앞장서야겠어."

  고국으로 돌아온 방정환은 아이들에게 '어린이'라는 말을 쓰기 시작했어요. 아동 잡지인 『어린이』를 만들고, 어린이 문화 운동 단체인 '색동회'도 조직했어요.

  1923년 5월 1일, 색동회는 '어린이날'을 만들고 축제를 벌였어요.

  평생 어린이를 위해 산 방정환은 죽는 순간까지도 "어린이를 잘 부탁한다."는 말을 남기고 세상을 떠났답니다.

하나 더

예전에는 어린이를 어떻게 불렀을까요?

'어린이'라는 말을 사용하기 전에는 어린것, 어린놈, 계집애, 얼라 등의 말을 썼어요. 어린아이의 인격을 존중해야 한다고 생각했던 방정환은 어린아이들을 아무렇게나 부르면 안 된다고 주장했어요. 그래서 '어린이'라는 말을 쓰기 시작했답니다. 어린이는 어린아이를 높여 부르는 말이랍니다.

19
전쟁터에서 아픈 사람들을 돌본
나이팅게일

국적 영국　**출생~사망** 1820년~1910년
업적 영국의 간호사로, 의료 제도를 개혁하고 보건 의학을 발전시킴.

　나이팅게일은 아픈 사람들을 도우며 살고 싶었어요. 그래서 가족의 반대를 무릅쓰고 간호사가 되었어요.

　그 당시 영국은 크림 전쟁에 참여하고 있었어요. 나이팅게일은 '전쟁터로 가서 아픈 사람들을 돌봐야겠다!'고 생각했어요.

　전쟁터를 가 보니 군인들이 입원해 있는 병원은 치료를 할 수 없을 만큼 엉망이었어요. 의약품도 턱없이 부족했어요.

　나이팅게일은 병원 청소부터 시작했어요. 또 관청에 의약품을 보내 달라는 요청도 했어요. 나이팅게일의 노력 덕분에 많은 환자들이 제대로 치료를 받을 수 있게 되었어요.

　크림 전쟁이 끝나자 영국으로 돌아온 나이팅게일은 간호

 학교를 세워 간호사를 양성하는 한편, 병원과 의료 제도 개선에 힘을 쏟았어요.
 이렇게 평생 환자 간호를 위해 헌신한 나이팅게일을 '현대 간호의 선구자'라고 부른답니다.

> **하나더**
>
> ### 크림 전쟁이란?
> 1853년~1856년까지 러시아가 흑해로 진출하기 위해 연합국(터키, 영국, 프랑스, 사르디니아 공국)과 벌인 전쟁이에요. 전쟁이 주로 흑해의 크림반도에서 벌어져 크림 전쟁이라고 해요. 크림반도는 흑해 북쪽에 볼록 튀어나온 지역으로, 기후가 온화해서 휴양지로 유명하답니다.

20

아프리카의 성자로 불리는
슈바이처

국적 프랑스(독일 출생) **출생~사망** 1875년~1965년
업적 의사가 되어 아프리카로 건너가 질병과 굶주림에 시달리는 사람들을 치료함.

　슈바이처는 대학에서 신학과 철학을 공부하고, 대학에서 교수로 일하며 안정적인 생활을 하였어요. 그러던 어느 날, 아프리카에 의사가 부족하다는 사실을 알게 되었어요.
　'치료를 받지 못해 고통받는 사람들이 이렇게 많다니!'
　큰 충격을 받은 슈바이처는 의학을 공부하기 시작했어

슈바이처 생가가 있는 알사스의 군스바흐 알베르트 슈바이처 마을

요. 드디어 6년 만에 의사가 된 슈바이처는 아내와 함께 아프리카로 갔어요.

그곳에서 슈바이처는 환자들을 정성껏 치료하고 보살펴 주었어요. 더 많은 사람들을 치료하기 위해 큰 병원도 세웠지요.

평생 아프리카에서 아픈 사람들을 돌본 슈바이처는 그 공을 인정받아 1952년 노벨 평화상을 받았답니다.

21

가난하고 병든 사람들을 보살핀
테레사 수녀

국적 인도(북마케도니아 출생)　**출생~사망** 1910년~1997년
업적 북마케도니아에서 태어났지만 인도로 건너가 가난한 사람들을 돌보며 참사랑을 실천함.

테레사는 북마케도니아에서 태어났어요. 어려서부터 신앙심이 깊어서 수녀가 되어 인도 콜카타로 갔어요.

영국의 지배에서 막 벗어난 인도는 혼란스럽고 불안정했어요. 거리에는 가난한 사람들과 아픈 사람들이 넘쳐났지요.

'이들이 잠시라도 편히 쉴 수 있었으면…….'

작은 집을 만든 테레사 수녀는 병든 사람들을 데려와 간호하기 시작했어요. 버려진 아이들과 가난한 사람들도 보살펴 주었지요. 하지만 대부분 힌두교도인 인도 사람들은 테레사 수녀를 잘 따르지 않았어요.

하지만 인도 사람들과 함께하기 위해 귀화까지 한 테레사 수녀의 헌신적인 봉사와 사랑은 전 세계를 감동시켰어요. 그리하여 1979년 노벨 평화상을 받았답니다.

테레사 수녀는 1997년 세상을 떠났지만, 테레사 수녀가 세운 '사랑의 선교 수녀회'는 지금도 어려운 이들을 돕는 일에 앞장서고 있어요.

하 나 더

콜카타의 마더 하우스

가난하고 병든 사람들을 어머니처럼 보살펴 준 테레사 수녀는 '마더 테레사'로 불렸어요. 테레사 수녀가 세운 '마더 하우스'는 버려진 아이들, 장애인, 병든 사람들, 죽음을 기다리는 사람들을 위해 만들어진 곳이에요.

22

청렴했던 명재상
황희

시대 조선 **출생~사망** 1363년~1452년
업적 조선 왕조에서 18년 동안 영의정을 지내면서 부귀와 권력을 탐하지 않고 깨끗한 정치를 펼침.

황희는 고려 말기에 과거에 합격했어요. 큰 꿈을 안고 관리가 되었지만 고려가 멸망하는 바람에 오랫동안 두문동(지금의 경기도 개풍군 광덕산 기슭)에 숨어 살았어요.

조선을 세운 태조 이성계는 황희가 실력 있는 사람이라는 사실을 잘 알고 있었어요.

"조선을 위해 일해 주시오!"

태조의 부탁으로 다시 관직에 오른 황희는 지혜롭게 일을 처리했어요.

그런 황희를 눈여겨본 사람이 있었어요. 바로 태조의 아들이자 조선 제3대 임금인 태종이에요.

태종은 소신과 원칙을 지키는 황희를 높이 평가했어요.

 그래서 황희를 오늘날의 대통령 비서실장에 해당되는 지신사에 앉혔어요.
 태종의 아들인 세종 대왕도 황희에게 여러 관직을 두루 거치도록 했어요. 많은 일을 맡기기 위해서였지요.

반구정 | 관직에서 물러난 황희가 갈매기를 벗 삼아 여생을 보낸 곳으로 경기도 파주시에 있어요.

당시 조선은 건국된 지 얼마 되지 않았기 때문에 나라를 안정시키는 일이 중요했어요.

'나라의 질서와 기강을 바로 세워야겠다.'

황희는 문물 제도를 정비하고, 국방을 강화하였으며, 법을 정비하는 등 많은 일을 했어요.

황희의 명성은 계속 높아졌지만 정작 자신은 비가 새는

초가집에서 방바닥에 돗자리도 깔지 않고 살았어요. 백성들은 그런 황희를 존경했답니다.

임금을 돕고 모든 관원을 지휘하는 높은 벼슬에 있는 사람을 '재상'이라고 하는데, 황희는 24년 동안이나 재상을 지냈어요. 이는 조선 역사상 가장 긴 기간이랍니다.

> **하나더**
>
> **청백리로 선정된 황희**
>
> 조선 시대에는 뛰어난 능력, 훌륭한 인격, 청렴함과 정직함을 갖춘 관리를 선발해서 '청백리'라는 호칭을 주었어요. 청백리로 뽑히면 사람들의 존경을 받을 뿐만 아니라 후손들에게도 많은 혜택이 주어졌어요. 조선의 대표적인 청백리에는 황희, 이황, 이항복 등이 있어요.

23

우정을 나누며 나라를 지킨

오성과 한음

시대 조선 **출생~사망** 이항복 1556년~1618년 / 이덕형 1561년~1613년
업적 임진왜란 때 함께 지혜를 모아 위험에 처한 임금을 돕고 나라를 구하는 데 앞장섬.

이항복과 이덕형은 조선 중기를 대표하는 문신이에요. 이항복의 호는 오성이고, 이덕형의 호는 한음이지요. 그래서 두 사람은 '오성과 한음'으로 불렸어요. 이항복이 다섯 살이나 나이가 많았지만 두 사람은 친한 친구로 지냈어요.

짓궂은 장난을 치면서도 열심히 공부한 두 사람은 같은 해에 과거에 합격했어요.

"함께 나랏일을 하게 되니 참 좋군그래."

"서로 도우면서 열심히 일해요."

오성과 한음은 여러 관직을 거치며 실력을 발휘했어요.

두 사람의 능력을 아꼈던 선조는 이들에게 많은 일을 맡겼어요.

　1592년 임진왜란이 일어나자 오성은 피난 가는 선조를 도와 전란을 지휘했어요. 한음은 명나라로 가 지원병을 요청했어요.

　한음의 요청을 받아들인 명나라는 5만 명의 군사를 보내 주었어요. 조선은 명나라와 힘을 합해 왜군이 점령하고 있

화산 서원 | 경기도 기념물 제46호. 이항복의 학문과 덕행을 기리기 위해 세운 서원으로, 경기도 포천군에 있어요.

이덕형 | 한음이라는 호로 더 많이 알려진 조선 중기의 문신 이덕형의 초상화예요.

던 평양을 되찾았지요.

"경들의 공은 잊지 않겠소!"

전쟁이 끝난 뒤, 오성과 한음은 영의정이 되었어요. 높은 자리에 오르자 두 사람을 시기하는 사람들이 생겨났어요.

성품이 강직했던 오성과 한음은 옳다고 생각하는 일에는 뜻을 굽히지 않았어요.

마침내 신하들의 모함을 받은 오성과 한음은 관직에서 쫓겨나고 말았어요. 함경도로 귀양을 간 오성은 그곳에서 숨을 거두었고, 한음은 경기도에서 세상을 떠났어요.

24

하나 된 나라를 꿈꾼 민족의 지도자

김구

시대 일제강점기　**출생~사망** 1876년~1949년
업적 대한민국의 완전한 자주 독립을 위해
대한민국 임시 정부를 세우고 독립운동을 이끎.

　김구가 살았던 때 우리나라는 힘이 약해 일본에 나라를 빼앗겼어요.

　김구는 젊은 시절 의병이 되어 일본군과 싸웠어요. 하지만 일본의 탄압은 나날이 심해졌어요. 더 이상 국내에서 활동하기 힘들다고 생각한 김구는 중국 상하이로 건너가 독립운동을 펼칠 결심을 했어요.

　상하이에서는 독립운동가들이 모여 대한민국 임시 정부를 세우기로 했어요. 김구도 임시 정부를 세우는 데 참여를 하여 초대 경무국장이 되었답니다.

　이후 내무국장, 국무령 등 중요 직책을 맡았어요.

　임시 정부에서 일하면서 한인 애국단을 조직한 김구는

젊은 독립운동가들을 지도했어요.

이후 임시 정부를 대표하는 주석이 되어 독립운동을 총지휘하였답니다.

"만세! 대한 독립 만세! 광복이다!"

1945년 8월 15일, 드디어 우리나라는 일본의 지배로부터 벗어났어요.

38선에서의 김구 | 1945년 광복을 한 우리나라는 남북이 38선을 경계로 나누어져 미국과 소련의 신탁 통치를 받게 되었어요.

하지만 우리나라가 정치적 안정을 찾을 때까지 남쪽은 미국, 북쪽은 소련의 통치

를 받게 되었어요. 이것을 '신탁 통치'라고 하는데, 김구는 신탁 통치를 반대했어요.

 이후 남북이 각각 단독 정부를 세우려 하자, 김구는 통일 정부를 주장하며 남북 협상을 제안하고 북한에 가서 회담을 하기도 했어요.

 하지만 남한과 북한은 각각 단독 정부를 세우고 끝내 남북한으로 갈라졌어요.

 그 후에도 끊임없이 민족 통일 운동을 하던 김구는 자택에서 육군 소위 안두희의 총에 맞아 세상을 떠났어요.

신탁 통치 반대 전국 대회 | 김구는 1945년 12월 31일, 서울 운동장에서 열린 신탁 통치 반대 전국 대회에서 연설을 하였어요.

독립과 교육에 헌신한
안창호

시대 일제강점기 **출생~사망** 1878년~1938년
업적 빼앗긴 나라를 되찾기 위해 청년 교육에 힘쓰면서 민족의 자긍심을 일깨움.

　안창호는 외국인 선교사가 세운 학교에서 신학문을 공부했어요.

　학교를 졸업하고 고향에 내려와 학생들을 가르치다 더 많은 일을 하려면 더 많은 지식이 필요하다는 것을 깨달았어요.

　'미국에 가서 공부를 해야겠다.'

　샌프란시스코로 간 안창호는 그곳에 살고 있는 교포들을 위해 한인 공동 협회를 만들었어요. 또 애국심을 심어 주기 위해 「공립신보」라는 신문도 만들었지요.

　그사이 일본은 우리나라의 외교권을 빼앗기 위해 강제로 을사조약을 체결했어요.

"아, 원통하구나!"

이 소식을 들은 안창호는 조국으로 돌아와 일본에 대항하기 위해 '신민회'라는 단체를 조직하고, 교육 사업을 시작했어요. 일본을 몰아내려면 실력을 키워야 한다고 믿었기 때문이지요.

1910년, 일본이 우리나라를 완전히 빼앗자, 안창호는 다시 미국으로 건너갔어요.

"인재가 없으면 민족의 미래도 없습니다!"

안창호는 흥사단을 조직하여 나라를 위해 일할 수 있는

서북 학회 건물 | 1908년 1월, 문화 계몽 운동을 위해 조직된 애국 단체 '서북 학회'가 사용하던 건물로 안창호, 이갑, 이동휘, 박은식 등이 중심이 되어 조직했어요.

일꾼을 길러 냈어요.

안창호는 실력을 키우는 것도 독립운동이라고 생각했어요. 그래서 어딜 가나 교육의 중요성을 강조했답니다.

이후 상하이로 간 안창호는 대한민국 임시 정부에서 일했어요.

일본 경찰에 체포되어 두 번이나 감옥에 갇혔던 안창호는 점점 건강이 나빠져 병으로 세상을 떠났습니다.

26 사랑을 실천한 교육자
페스탈로치

국적 스위스 **출생~사망** 1746년~1827년
업적 빈민가 아이들이 자립할 수 있도록
교육 기관을 세우고 참교육에 헌신함.

　페스탈로치는 스위스 취리히에서 태어났어요. 의사였던 아버지는 가난한 환자들에게 치료비를 받지 않았어요. 페스탈로치의 가정은 넉넉하지는 않았지만 화목했어요.
　그러던 어느 날, 아버지가 세상을 떠났어요. 형편은 더욱 어려워졌지만, 어머니는 아이들을 잘 보살폈어요. 방학이 되자 페스탈로치는 할아버지 집에 놀러 갔어요. 할아버지는 작은 농장을 운영했는데, 그 농장에 일을 도와주는 아이가 있었어요.
　"할아버지, 저 아이는 왜 학교에 안 가고 하루 종일 일을 해요?"
　"집이 가난해서, 학교 가는 대신 돈을 벌어야 하거든. 세

상엔 도움이 필요한 아이들이 많단다."

할아버지 말에 놀란 페스탈로치는 결심을 했어요.

'가난하고 불쌍한 아이들을 도우며 살자!'

공부를 마친 페스탈로치는 듬직한 청년이 되었어요. 페스탈로치는 어릴 적 결심도 잊지 않고, 농장을 만들어 그곳에서 가난한 아이들을 가르쳤어요.

소문이 퍼지자 찾아오는 아이들이 늘어났어요. 하지만 페스탈로치의 선행을 오해하는 사람들도 있었어요. 결국 학교 문을 닫아야 하는 일도 생겼지요.

1796년, 프랑스가 스위스를 공격하여 전쟁이 났어요.

'전쟁 통에 부모를 잃은 아이들이 많겠어.'

페스탈로치는 전쟁이 일어난 지역으로 가서 고아원을 세우고 아이들을 보살폈어요. 이후 부르크도르프라는 도시에서 가난한 아이들을 가르치기도 했어요. 마침내 이베르돈으로 간 페스탈로치는 그곳에 학교를 세웠어요.

페스탈로치에 대한 소문은 멀리 퍼졌어요. 교육을 통해 사랑을 실천했던 페스탈로치는 사람들의 존경을 받으며, 후대의 교육자들에게 큰 영향을 끼쳤답니다.

27

우리나라 지도 제작에 일생을 바친

김정호

시대 조선　**출생~사망** 1804년~1866년
업적 전국 방방곡곡을 직접 돌아다니면서 정확하고 정밀한 대동여지도를 완성함.

　김정호가 살던 시대에는 실용적인 학문을 공부하는 것이 유행이었어요. 그중 하나가 바로 지도에 대한 것이었지요. 땅의 모양과 길을 알려 주는 지도는 김정호의 흥미를 끌었어요.

　"저 친구는 종일 지도만 들여다보는군."

　동료들의 수군거림도 아랑곳하지 않았어요.

　당시 조선에는 다양한 종류의 지도와 지리책이 있었어요. 각각의 지도들은 정확한 부분도 있었지만, 중요한 내용이 빠져 있거나 옛날 정보가 들어 있는 경우도 많았어요.

　'아쉽다. 최신 정보가 반영된 지도가 있으면 좋을 텐데!'

김정호는 지금까지 나온 지도들의 장점만 모아 새로운 우리나라 지도를 만들기로 결심했어요.

수많은 자료를 비교하고 검토한 김정호는 1834년 드디어 「청구도」를 만들었어요.

하지만 김정호는 「청구도」에 만족하지 않았어요. 「청구도」의 부족한 점과 잘못된 부분을 보완하여 더 정확한 지도를 만들기 위해 전국을 다니며 자료를 모았어요. 또 수집한 정보를 최대한 쉽게 전달할 수 있는 방법을 연구했어요.

대동여지도

청구도

그러한 노력 끝에 마침내「대동여지도」를 완성했어요. 조선의 과학과 기술, 김정호의 열정과 도전이 만들어 낸「대동여지도」는 오늘날 인공위성으로 찍은 우리나라 모습과 큰 차이가 없을 정도로 정교하답니다.

하나 더

편리하고 정확한 대동여지도

1861년에 완성된 대동여지도는 22첩으로 되어 있어요. 22첩을 펼치면 한반도 전체 지도가 되고, 22첩을 접으면 하나의 책이 되지요. 수십 년에 걸쳐 만들어진 대동여지도는 조선 시대에 만들어진 지도 가운데 가장 정확한 지도예요. 몇몇 군데를 제외하면 현재 사용하는 지도와 거의 일치한답니다.

28

장애를 이겨 낸 희망의 전도사
헬렌 켈러

국적 미국 **출생~사망** 1880년~1968년
업적 시각, 청각, 언어 장애를 굳은 의지로 이겨 내고 장애인의 복지를 위해 한평생을 바쳐 애씀.

헬렌 켈러는 아기 때 열병을 앓은 뒤부터 보지도 듣지도 말하지도 못하게 되었어요. 그런 헬렌에게 일곱 살 때 가정교사로 온 설리번 선생님은 말과 글을 가르쳐 주었어요.

설리번 선생님은 헬렌의 한쪽 손바닥에 차가운 물을 부었어요. 그리고 다른 쪽 손바닥 위에 '물'이라는 글자를 적었어요.

'아하, 이것을 물이라고 하는구나!'

세상 모든 것에 이름이 있다는 것을 알게 된 헬렌은 손바닥에

 써 주는 글자를 통해 언어를 익혔어요. 또 입 모양과 목의 움직임을 손으로 만져 가면서 말하는 법도 배웠어요.

 설리번 선생님의 도움으로 대학을 졸업한 헬렌은 강연을 하여 기부금을 모으고, 자신처럼 보지도 듣지도 못하는 아이들이 학교에 다닐 수 있도록 힘썼어요. 장애를 이겨 낸 헬렌은 사람들에게 노력하면 무엇이든 할 수 있다는 희망을 안겨 주었답니다.

29

예술가이자 현모양처였던
신사임당

시대 조선   **출생~사망** 1504년~1551년
업적 천재 여류 화가로, 현명한 어머니이자
어진 아내로 조선 시대 여성의 모범이 됨.

　신사임당은 시, 글씨, 그림에 남다른 재능이 있었어요. 특히 그림은 신사임당이 제일 좋아하는 분야였어요. 어린 시절부터 혼자서 그림을 공부한 신사임당은 풍경, 포도, 꽃, 풀, 벌레 등을 잘 그렸어요.

　당시에는 여자들이 예술 활동을 하는 경우가 많지 않았지만, 신사임당은 결혼을 한 뒤에도 자신이 좋아하는 일을 계속했어요.

"자네 부인의 그림 실력이 뛰어나다며?"

"그림뿐 아니라 붓글씨도 일품이라네."

　신사임당의 남편 이원수는 부인의 재능을 무척 자랑스러워했어요.

신사임당은 조선 최고의 여류 화가이기도 하지만, 현명한 아내이자 인자한 어머니이기도 했어요. 신사임당은 가정을 잘 보살폈고, 자녀 교육에도 각별히 신경을 썼어요.

신사임당이 키워 낸 자녀들 중에는 학자이자 정치가인 이이도 있어요.

효성도 지극했던 신사임당은 강릉에 혼자 있는 어머니를 늘 걱정했어요.

'어머니께서는 잘 지내고 계실까? 몸은 멀리 떨어져 있지만 한시도 어머니를 잊을 수가 없구나.'

그래서 어머니를 그리워하는 내용의 시를 짓기도 하고, 아예 친정으로 내려가 어머니와 몇 년 동안 함께 살기도

초충도 | 신사임당이 그린 그림. 맨드라미(왼쪽)와 수박(오른쪽) 그림은 지금 우리가 사용하고 있는 오천 원권 지폐의 뒷면 그림으로 채택되었어요.

강릉 오죽헌 | 신사임당이 태어나고 자란 곳. 검은 대나무가 집 주변을 둘러싸고 있어 '오죽헌'이라는 이름을 붙였어요. 율곡 이이도 이곳에서 태어났어요.

했어요.

뛰어난 예술가이자 현모양처였던 신사임당은 많은 사람들의 본보기가 되었어요.

지금 우리나라 화폐 중 오만 원권 지폐에서 신사임당의 초상화를 볼 수 있어요.

30

남아프리카 공화국 최초의 흑인 대통령
만델라

국적 남아프리카 공화국　**출생~사망** 1918년~2013년
업적 흑인 최초로 남아프리카 공화국 대통령이 되면서 자유와 평화의 상징이 됨.

　남아프리카 공화국에는 흑인과 백인을 차별하는 제도가 있었어요. 모두가 평등한 나라를 만들고 싶었던 만델라는 변호사가 되어 흑인의 권리를 주장하기 시작했어요. 백인들은 그런 만델라를 감옥에 가두었어요.
　"죄수들도 인간이오! 더 나은 환경을 제공해 주시오!"
　만델라는 감옥에서도 옳다고 생각하는 일을 거침없이 주장했고, 자신의 생각을 글로 적었어요. 그 글은 석방된 죄수를 통해 널리 알려졌고, 세계 각국에서 만

델라의 석방을 요구했어요.

　마침내 27년 만에 감옥에서 나온 만델라는 1994년 흑인으로서는 최초로 남아프리카 공화국 대통령으로 당선되었어요.

　백인들은 만델라가 보복할 것이라고 두려워했지만 만델라는 흑인과 백인이 평화롭게 사는 나라를 만들기 위해 노력할 뿐이었어요.

　화해와 용서를 강조하고 직접 실천한 만델라는 전 세계인들의 존경을 받았어요.

31

평등한 세상을 꿈꾸었던
마틴 루서 킹

국적 미국 **출생~사망** 1929년~1968년
업적 미국 사회에서 차별받던 흑인의 정당한 권리를 찾기 위해 비폭력 저항 운동을 함.

　마틴 루서 킹은 미국 남부 애틀랜타에서 태어났어요. 목사였던 아버지는 많은 사람들에게 존경을 받았어요. 킹은 아버지가 무척 자랑스러웠어요. 하지만 모든 사람들에게 존경받는 것은 아니었지요.

　"거긴 백인들이 앉는 자리야. 당장 뒤에 있는 자리로 가. 어서!"

　백인들은 누구보다 인품이 훌륭한 킹의 아버지를 함부로 대했어요. 단지 흑인이라는 사실만으로요. 킹은 자라면서 더 많은 차별을 경험하게 되었고, 그럴수록 자신이 무엇을 해야 하는지 깨달았어요.

　'누구나 평등하게 사는 사회를 만들자!'

보스턴 대학을 졸업한 킹은 목사가 되어 앨라배마로 갔어요. 앨라배마는 인종차별이 심한 곳 중 하나였어요. 하루는 버스에 탔던 한 흑인이, 백인에게 자리를 양보하지 않았다고 경찰에게 체포되는 일이 일어났어요.

"이런 부당한 차별을 더 이상 참아서는 안 됩니다!"

분노한 킹은 흑인들에게 '버스 안 타기 운동'을 하자고 호소했어요. 결국 1956년, 미국 연방 법원은 '버스에서의 인종 차별은 위법'이라고 판결했어요.

자신감을 얻은 킹은 흑인들의 권리를 찾기 위해 거리 행진을 나섰어요. 1963년, 전국의 흑인들은 워싱턴에서 대규모의 집회를 열었어요. 연단에 오른 킹은 전 세계를 감동시킨 연설을 했어요.

"나에게는 꿈이 있습니다. 나의 자녀들이 피부색이 아닌 인격에 따라 평가받는 나라에서 살게 되는 날이 올 것이라는 꿈입니다."

1964년 노벨 평화상을 받았어요. 킹은 흑인들이 더 나은 삶을 살 수 있도록 노력했지만 1968년, 백인 우월주의자가 쏜 총에 맞아 그만 세상을 떠나고 말았답니다.

제3장
탐구하고 창조하는 사람들

32

다이너마이트를 발명한

노벨

국적 스웨덴 **출생~사망** 1833년~1896년
업적 자신이 발명한 다이너마이트가 전쟁에 이용되자 인류 평화를 위해 전 재산을 기부하여 노벨상을 만듦.

펑!

"으악, 빨리 피해!"

고체 화약인 다이너마이트가 발명되기 전까지 화약은 니트로글리세린이라는 액체로 만들었어요. 그러다 보니 약간의 충격만 받아도 쉽게 폭발했어요.

노벨의 동생도 액체 화약의 폭발로 세상을 떠났답니다. 노벨은 동생의 죽음을 계기로 안전한 화약을 만들기 위해 연구에 몰두했어요.

'아하, 니트로글리세린을 규조토에 흡수시키면 쉽게 폭발하지 않는구나! 이 화약의 이름을 다이너마이트라고 해야지!'

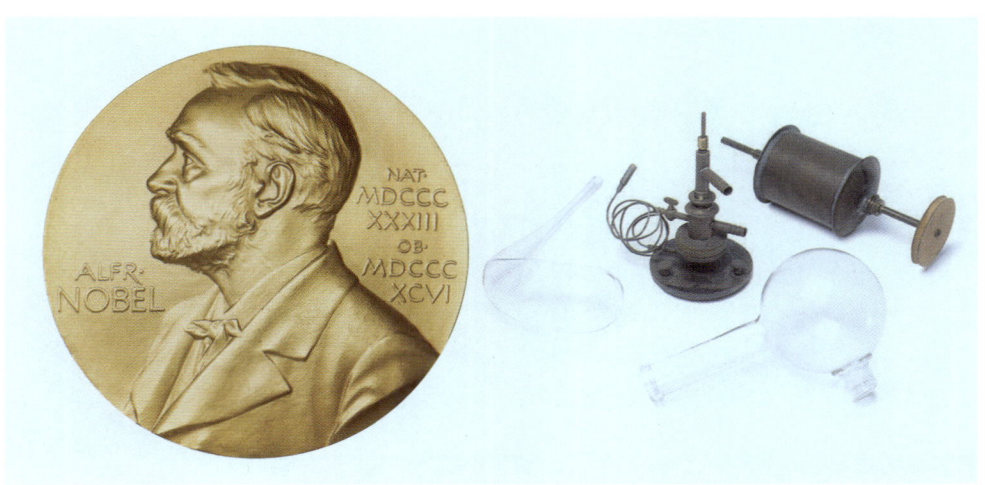

노벨상 메달과 실험 기구 | 노벨상 메달(왼쪽)의 앞면과 알프레드 노벨이 사용했던 실험 기구들(오른쪽)입니다.

다이너마이트로 노벨은 큰 부자가 되었어요. 하지만 노벨은 행복하지 않았어요. 다이너마이트가 전쟁 무기로 사용되어 사람들의 목숨을 앗아가거나, 다치게 했기 때문이었어요.

고민하던 노벨은 다이너마이트로 번 전 재산을 스웨덴 과학 아카데미에 기부했답니다.

> **하나더**
>
> **노벨상은 어떤 상일까요?**
>
> 노벨은 자신의 재산으로, 인류 복지에 공헌한 사람이나 단체에 상을 주라는 유언을 남겼어요. '노벨상'이라고 이름 붙인 이 상은 물리학·화학·생리학 및 의학·문학·평화·경제학의 6개 부문에 걸쳐 메달과 상장, 상금을 주고 있어요. 시상식은 노벨이 죽은 날짜인 12월 10일에 스톡홀름에서 열려요.

33 최초로 동력 비행기를 발명한
라이트 형제

국적 미국 **출생~사망** 윌버 1867년~1912년 오빌 1871년~1948년
업적 하늘을 날고 싶은 꿈을 위해 끈기 있게 노력하여 세계 최초로 동력 비행기를 발명함.

손재주가 좋았던 윌버와 오빌은 오토 릴리엔탈이라는 독일 사람이 글라이더를 타다가 죽었다는 신문 기사를 보았어요.

"오랫동안 안전하게 날 수 있는 글라이더가 있다면 얼마나 좋을까?"

라이트 형제 | 왼쪽이 형인 윌버 라이트, 오른쪽이 동생인 오빌 라이트예요.

플라이어 1호기 | 최초의 동력 비행기인 플라이어 1호기의 조종석 모습이에요.(미국 국립 우주 박물관에 전시)

"좋아, 우리가 한번 만들어 볼까?"

하늘을 나는 기계를 만들기로 결심한 형제는 날개의 모양을 바꾸고 프로펠러와 엔진을 만들어 다는 등 다양한 시도를 했어요. 실패에 실패를 거듭하면서 형제는 점점 지쳐 갔지만 결코 포기하지 않았어요.

끈질긴 노력 끝에 마침내 동력 비행기를 발명한 형제는 1903년 겨울, 시험 비행을 실시했어요. '플라이어 1호'라고 이름 붙인 첫 동력 비행기는 12초 동안 36미터를 날아갔어요.

이후 비행기 제작 회사를 설립한 라이트 형제는 비행기 제작에 전념하였답니다.

34

궁중 음악을 정리한

박연

시대 조선　**출생~사망** 1378년~1458년
업적 조선 시대 국가 음악의 악보와 악곡을 정리하고 악기를 개량하여 궁중 음악을 개혁함.

　어릴 때부터 음악에 재능이 많았던 박연은 거문고, 가야금, 비파 등 여러 악기를 연주할 수 있었어요. 가장 잘 다룬 악기는 피리였지요.

　하지만 음악은 벼슬에 도움이 되지 않았어요. 박연은 음악에 대한 열정을 접어 둔 채 공부에 몰두했어요. 그리고 스물여덟 살에 과거에 합격했어요.

　영리하고 성실한 박연은 어떠한 일을 맡겨도 잘 해냈답니다. 신하들이 가진 재능에 관심이 많았던 세종 대왕은 박연이 음악에 소질이 있다는 사실을 금방 알아챘어요. 세종 대왕은 박연의 재능이 나랏일에 쓰이기를 바랐어요.

"앞으로 궁중 음악에 관한 일은 모두 박연에게 맡기도록 하라!"

자신의 재능을 발휘할 기회를 얻은 박연은 궁중 음악을

편경 | ㄱ자 모양의 돌 16개를 나무틀에 매달아 놓고 치는 악기예요. 돌의 두께에 따라 음높이가 달라요.

정리하기 시작했어요.

당시 조선의 궁중 음악은 예부터 이어져 내려온 우리 고유의 음악과 중국에서 건너온 음악들이 마구 섞여 있었어요. 제대로 된 악보도 없고 악기의 소리도 제각각이었지요.

'악기들을 모두 손봐야겠구나.'

박연은 기존에 있던 악기들을 개조하거나 아예 새롭게 만들었어요. 그중에는 편경이라는 악기도 있었지요. 얇은 돌로 만든 편경은 음이 일정한 악기였어요. 그래서 다른 악기들을 조율하는 기준이 되었답니다.

조선의 실정에 맞는 편경을 제작한 박연은 악기들의 음을 정확히 조율하고 악보를 편찬했어요. 그리고 궁중 의식에 쓰이는 아악을 정리하여 새롭게 완성했어요.

박연의 노력 덕분에 음악의 기초는 한층 튼튼해졌어요. 그리하여 조선의 궁중 음악은 계속 발전할 수 있게 되었답니다.

하 나 더

우리나라의 3대 악성

고구려의 왕산악, 신라의 우륵, 조선의 박연을 우리나라 3대 악성으로 꼽아요. 악성은 실력이 아주 뛰어난 음악가를 뜻해요. 고구려의 왕산악은 6개의 현을 가진 거문고를 만들었고, 신라의 우륵은 12개의 현을 가진 가야금을 만들었어요.

35

백성들의 삶을 그린
김홍도

시대 조선　**출생~사망** 1745년~1806년(?)
업적 서민들의 생활을 주로 그린 조선 후기의 풍속화가로 한국화의 발전에 많은 영향을 끼침.

　중인 집안에서 태어난 김홍도는 그림에 뛰어난 소질이 있었어요. 그리하여 그림에 관한 일을 맡아보는 관청인 도화서의 화원으로 일했어요.
　"도화서에서 김홍도만큼 그림을 잘 그리는 사람은 없어!"
　김홍도의 그림 솜씨는 조선에 널리 퍼져, 김홍도의 집 앞은 그림을 얻으려는 사람들로 북적거렸답니다.
　"나의 초상화를 그리도록 하라!"
　어느 날, 영조 임금은 김홍도에게 어진(임금의 얼굴을 그린 그림)을 그리도록 명령했어요. 완성된 그림을 본 영조는 무척 마음에 들어 했지요.
　영조의 뒤를 이어 왕위에 오른 정조도 김홍도의 재능을

아꼈어요. 그래서 궁중 행사를 그림으로 남기도록 지시했어요.

 김홍도는 정조가 아버지 사도 세자의 능이 있는 수원으로 행차하는 광경과 어머니 헌경 왕후의 회갑 잔치를 여는 모습을 그렸어요.

「단원풍속도」 중 서당

「단원풍속도」 중 씨름

또한 금강산의 아름다운 풍경이 담긴 그림을 그려 바치기도 했어요.

김홍도는 사람을 그리는 인물화, 신선의 모습을 그린 신선도, 자연을 그리는 산수화 등 모든 종류의 그림을 잘 그렸어요. 하지만 사람들이 생활하는 모습을 그린 풍속화에 특히 뛰어났어요.

'백성들의 삶은 참으로 다양해.'

백성들의 삶에 관심이 많았던 김홍도는 농사짓는 모습, 빨래하는 모습, 장사하는 모습, 연장 만드는 모습 등 일상생활에서 흔히 볼 수 있는 광경을 생생하게 그려 냈어요.

익살스럽고 정감 어린 김홍도의 작품은 후대의 예술가들에게 많은 영향을 끼쳤답니다.

하나 더
조선 후기의 또 다른 풍속화가 신윤복

신윤복은 김홍도와 함께 조선 시대를 주름잡은 유명한 풍속화가예요. 김홍도가 서민들의 생활을 주로 그린 반면, 신윤복은 양반과 부녀자들의 놀이 문화와 풍류, 남녀 사이의 애정을 주로 그렸어요. 당시에는 부녀자들의 풍류를 그리는 화가가 거의 없었어요. 남들이 관심을 가지지 않은 소재를 그림으로 표현한 신윤복은 조선의 미술을 더욱 풍성하게 만들었어요.

36

다재다능했던 천재
레오나르도 다빈치

국적 이탈리아 **출생~사망** 1452년~1519년
업적 「모나리자」, 「최후의 만찬」 같은 뛰어난 그림을 많이 남김.

다빈치는 피렌체 근처 시골 마을에서 태어났어요. 여러 학문을 배운 다빈치는 특히 그림을 잘 그렸어요. 재능을 알아본 아버지는 다빈치에게 그림 공부를 하게 했어요.

열심히 그림 실력을 키운 다빈치는 예술이 발달한 밀라노로 갔어요. 그곳에서 화가로 활동하며 다양한 분야의 사람들과 교류했어요. 점점 화가로 유명해지자 그림을 부탁하는 사람도 늘어났어요.

그러던 어느 날, 성당의 신부님이 다빈치를 불렀어요.

"우리 성당 벽에 그림을 좀 그려 주시오."

다빈치는 무려 삼 년 동안 성당 벽에 그림을 그렸어요. 그렇게 탄생한 그림이 「최후의 만찬」이에요.

다빈치의 명성은 나날이 높아졌어요. 몇 년 뒤, 평소 친하게 지내던 귀족 남자가 찾아와 부탁했어요.

"워낙 바쁘다는 것을 잘 아네만, 내 아내의 초상화를 좀 그려 주었으면 하네. 정말 간곡히 부탁하네."

다빈치는 혼신의 힘을 다해 초상화를 그렸어요. 그 그림이 신비한 미소로 유명한 「모나리자」예요.

다빈치는 그림 말고도 조각, 발명, 건축, 천문학, 해부학, 식물학, 지리학, 수학 등 여러 분야에 재능이 있었어요. 다방면에 뛰어났던 진정한 천재였지요. 다빈치의 작품들은 후대의 많은 예술가들에게 영감을 주었답니다.

레오나르도 다빈치가 그린 「최후의 만찬」

37

이야기로 세상을 울리고 웃긴
셰익스피어

국적 영국　**출생~사망** 1564년~1616년
업적 〈햄릿〉, 〈로미오와 줄리엣〉 같은 문학 작품으로 많은 사람들에게 감동을 줌.

　　셰익스피어가 살던 시대에는 연극이 무척 인기가 있었어요. 집안이 어려워 학교를 그만둔 셰익스피어는 런던에 있는 한 극단에 들어갔어요. 이곳에서 단역 배우로 활동하며 연극 대본을 쓰다가 극단의 전속 극작가가 되어 희곡(연극의 대본)을 쓰기 시작했어요.
　　"이렇게 재미있는 연극은 처음이야!"
　　관객들은 개성이 뚜렷한 인물들이 등장하는 셰

셰익스피어의 생가 | 영국의 작은 마을 '스트래퍼트 어폰 에이본'에 있어요.

익스피어의 작품에 열광했어요.

셰익스피어는 4대 비극으로 불리는 「햄릿」「오셀로」「리어 왕」「맥베스」를 비롯해 희극 「로미오와 줄리엣」「베니스의 상인」「한여름 밤의 꿈」 등 수십여 편의 작품을 썼어요. 그리하여 역사상 가장 영향력 있는 극작가로 꼽히고 있어요.

> **하나더**
>
> **글로브 극장**
>
> 1599년 영국 런던에 세워진 극장으로 셰익스피어의 작품을 상연해 유명해졌어요. 지금의 극장은 1997년에 다시 세운 것으로, 처음 모습대로 지어졌어요. 셰익스피어 시대의 공연 문화를 경험하고 싶은 사람들에게 인기가 높아요.

38
시련을 극복하고 걸작을 탄생시킨
베토벤

국적 독일 **출생~사망** 1770년~1827년
업적 청각 장애를 극복하고 감정 표현과 상상력을 중시하는 음악을 발표하여 낭만주의 음악의 시대를 엶.

피아노를 가르치며 작곡 연습을 하던 베토벤은 당시 유럽 음악의 중심지였던 오스트리아 빈으로 갔어요. 그곳에서 연주자 겸 작곡가로 활동하면서 점점 유명해졌지요. 그런데 안타깝게도 귓병으로 귀가 들리지 않게 되었어요.

'이를 어쩐담. 들을 수 없는 내가 도대체 어떻게 음악을 할 수

베토벤 기념비

베토벤 묘지

있단 말인가!'

절망에 빠진 베토벤은 모든 것을 포기하려 했어요. 하지만 음악에 대한 열정이 베토벤을 다시 일으켜 세웠어요.

연주자의 길을 포기하고 작곡에만 몰두한 베토벤은 「영웅 교향곡」「운명 교향곡」「합창 교향곡」 등의 걸작을 만들어 냈어요. 시련 속에서 탄생한 이 작품들은 지금도 많은 사람들에게 기쁨과 감동을 주고 있답니다.

> **하나더**
>
> ### 모차르트를 만난 베토벤
>
> 그 당시 오스트리아의 모차르트는 음악의 신동으로 음악가들의 부러움을 샀어요. 소년 베토벤은 오스트리아로 가 모차르트를 만나고 크게 자극을 받았어요. 더 훌륭한 음악가가 되겠다고 결심한 베토벤은 누구보다 열심히 노력하여 마침내 모차르트와 함께 유럽을 대표하는 음악가가 되었어요.

모차르트 동상

39

어린이들을 위해 이야기를 지은
안데르센

국적 덴마크 **출생~사망** 1805년~1875년
업적 풍부한 상상력과 아름다운 문장으로 평생 130여 편의 동화를 발표함.

안데르센은 배우가 되고 싶었어요. 그래서 연기를 배우기 위해 여러 극단을 찾아다녔지만, 번번이 거절당했어요.

실망한 안데르센은 배우 대신 작가가 되기로 결심했어요. 그래서 틈틈이 글을 쓰기 시작했지요.

하지만 작가가 되는 길은 쉽지 않았어요. 사람들이 안데르센이 쓴 글을 좋아

브레멘 음악대 동상 | 브레멘 음악대에 나오는 동물들을 조각한 동상. 독일 브레멘 시청 앞에 있어요.

하지 않았기 때문이었어요.

실망하지 않고 꾸준히 글을 쓴 안데르센은 1853년 첫 번째 동화집을 냈어요. 그리고 「인어 공주」 「미운 오리 새끼」 「벌거숭이 임금님」 「성냥팔이 소녀」 등 수많은 동화를 계속 발표했어요. 아름답고 환상적인 안데르센의 동화는 지금도 어린이들의 사랑을 받고 있어요.

안데르센 동상

하나 더

그림 형제 동화

안데르센과 비슷한 시기에 독일의 그림 형제(야코프 그림과 빌헬름 그림)는 오랫동안 전해져 오던 이야기들을 모아 『그림 동화』라는 책을 펴냈어요. 여기에는 「빨간 모자」 「백설 공주」 「헨젤과 그레텔」 「잠자는 숲속의 미녀」 등 어린이들의 사랑을 받는 이야기들이 담겨 있어요.

40

화약을 만들어 왜구를 무찌른
최무선

시대 고려 말~조선 초　**출생~사망** 1325년~1395년
업적 화약과 여러 가지 무기를 발명해 왜구를
물리치고 「화약 수련법」 등의 책을 씀.

　최무선이 살던 고려 시대에는 왜구의 침입이 잦았어요. 일본 해적을 의미하는 왜구는 배를 타고 건너와 고려의 백성들을 죽이고 불을 질렀으며 재산을 빼앗았어요.
　'강력한 무기가 있어야 해……'
　어린 시절부터 왜구에 시달리는 백성들을 보아 온 최무선은 강력한 무기인 화약을 만들 결심을 했어요.
　당시 고려는 화약 만드는 기술이 없어서 중국에서 화약을 수입해서 썼어요. 중국은 화약 만드는 기술을 국가 기밀로 하여 절대 다른 나라에 알려 주지 않았어요.
　최무선은 화약을 만들기 위해 여러 책을 읽고 연구하고 실험을 했어요. 그리고 화약을 다룰 줄 아는 중국인을 찾아 끈질기에 설득하여 화약 만드는 비법을 알아냈어요.

　오랜 시간이 흘러 마침내 최무선은 화약을 만드는 데 성공했어요.

　최무선은 우왕에게 달려가 말했어요.

　"전하, 화약을 발명했사오니, 화약과 무기를 만드는 관청을 만들어 주시옵소서!"

　우왕은 최무선의 요청을 받아들여 '화통도감'이라는 관청

신기전 | 세계에서 가장 오래된 로켓 추진 화살. 화약이나 불을 매달아 쏘았어요.

최무선이 만든 화포 | 철통 속에 탄환을 넣고 화약의 힘으로 발사하는 무기예요.

을 만들었어요. 화통도감의 책임자가 된 최무선은 화약을 이용한 무기를 18개나 발명했답니다.

1380년, 왜구가 500여 척의 배를 이끌고 진포(지금의 군

산)로 침입하자 최무선은 100여 척의 배에 자신이 만든 무기를 싣고 나가 왜구의 배를 모조리 격침시켰어요.

고려의 완벽한 승리로 끝난 이날의 전투 이후, 왜구는 함부로 고려를 쳐들어오지 못했답니다.

하나 더

배에 설치한 화약 무기

최무선이 참여한 진포 전투는 우리나라 역사상 처음으로 함포가 사용된 해전이었어요. 함포는 배에 설치한 화포를 말하는데, 멀리 떨어져 있는 적을 공격할 수 있는 무기였어요. 함포는 조선 시대 임진왜란 때에도 큰 활약을 했어요. 이순신은 뛰어난 전략과 강력한 함포로 왜적의 침입을 막아 냈어요.

41

조선의 천재 과학자

장영실

시대 조선 **출생~사망** ?~?(1390년경)
업적 천민으로 태어났지만 신분의 벽을 뛰어넘어 측우기, 혼천의 등 훌륭한 과학 기구를 발명함.

장영실은 경상도 동래현의 관노였어요. 관노는 관청에 소속된 노비를 말하지요. 손재주가 좋았던 장영실은 고장 난 물건들을 고치거나 새롭게 만드는 일을 맡아 했어요.

재주가 뛰어난 노비가 있다는 소문을 들은 세종 대왕은 장영실을 궁으로 불러들였어요.

"궁중 기술자로 일하도록 하라!"

장영실은 궁에서 쓰는 물건들을 열심히 고치고, 편리하게 개조했어요.

세종 대왕은 과학 기술에 관심이 많았어요. 장영실의 재능을 알아본 세종 대왕은 장영실을 중국에 보냈어요.

"발전된 과학 기술을 배워 오너라."

"알겠사옵니다."

장영실이 유학을 마치고 돌아오자 세종 대왕은 그를 노비에서 해방시켜 주고, 벼슬까지 내렸어요.

앙부일구 | 임진왜란 때까지 조선의 공중 시계 역할을 했어요. 보물 제845호.

관천대 | 천문 관측 기기인 간의를 설치했던 대로, 지금은 간의는 사라지고 대만 남아 있어요. 이천·장영실 등이 세종의 명으로 만들었어요.

자격루 | 물시계로 경복궁 남쪽의 보루각에 설치되어, 공식적인 표준 시계로 사용되었어요. 국보 제229호.

수표 | 비가 왔을 때 물이 얼마나 불었는지 알 수 있는 측정 기기예요.

혼천의 | 천체의 운행과 위치를 측정해 천문 시계 구실을 했던 기구로, 이천·장영실 등이 제작을 감독하였어요.

장영실은 자신을 적극적으로 보호하고 지원해 주는 세종 대왕을 위해 열심히 일했어요.

오목한 모양의 해시계인 앙부일구, 우리나라 최초의 물시계인 자격루, 천체의 움직임과 위치를 측정하는 혼천의, 하천의 높이를 재는 수표 등 수많은 발명품이 장영실의 손에서 탄생했어요. 또한 글자를 인쇄할 수 있는 활자인 갑인자를 만드는 일에도 참여했어요.

장영실 덕분에 조선의 과학 기술은 세계 최고 수준으로 발전하였어요.

하나더
세계에서 가장 먼저 발명된 측우기

세종 대왕 때 만들어진 수많은 발명품 가운데 하나가 바로 측우기예요. 비가 얼마나 내렸는지 측정하는 기구이지요. 측우기는 1442년부터 널리 사용되었어요. 이것은 유럽 최초의 측우기보다 200년 정도 앞선 것이지요. 측우기는 장영실이 발명한 것으로 알려져 있지만, 세종 대왕의 아들인 문종이 발명했을 가능성이 높아요. 『세종실록』에 문종이 원통형 기구를 만들어 빗물의 양을 조사했다는 내용이 기록되어 있거든요.

42

실용적인 학문을 중시한
정약용

시대 조선　**출생~사망** 1762년~1836년
업적 실생활에 도움 되는 학문을 중시 여겼으며, 거중기를 발명하고 수원화성을 건축함.

　어려서부터 영특했던 정약용은 엄청난 독서광이었어요. 똑같은 책을 몇 번씩 반복해서 읽거나, 책 한 권을 통째로 외우는 경우도 많았어요.
　'이 많은 책 중에 백성들에게 도움이 되는 것은 별로 없구나…….'
　정약용이 살던 시대에는 백성들의 삶이 무척 어려웠어요. 그래서 실제 생활에 도움이 되는 학문인 '실학'이 등장하게 되었어요.
　백성이 잘사는 나라를 만들고 싶었던 정약용은 실학 공부에 몰두했어요. 생활을 편리하게 해 주는 과학 기술 연구에도 관심을 기울였어요.

그러한 노력 덕분에 정약용은 여러 가지 업적을 남길 수 있었어요. 가장 먼저 꼽을 수 있는 것이 배다리예요. 작은 배를 나란히 붙여 놓은 뒤, 그 위에 널빤지를 깔아 만든 배다리 덕분에 나룻배를 타지 않고도 강을 쉽게 건널 수 있게 되었답니다.

"수원에 새로운 성을 만들도록 하시오!"

정약용은 정조의 명을 받아 수원 화성의 설계도를 그리고, 무거운 돌을 옮길 수 있는 거중기를 만들었어요. 과학적인 설계도와 첨단 장비 덕분에 화성은 2년 반 만에 완성되었지요.

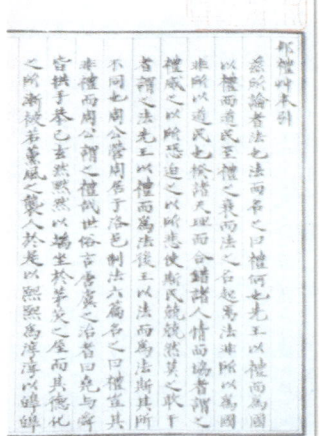
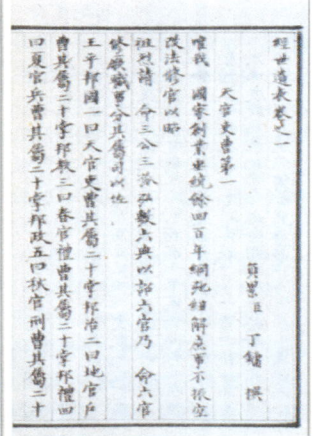

경세유표 | 정약용이 유배 생활을 하면서 쓴 책으로, 백성이 잘살 수 있는 여러 가지 제도 개혁안을 담고 있어요.

정약용 동상 | 평생 동안 500여 권이 넘는 책을 남긴 정약용의 동상이에요.

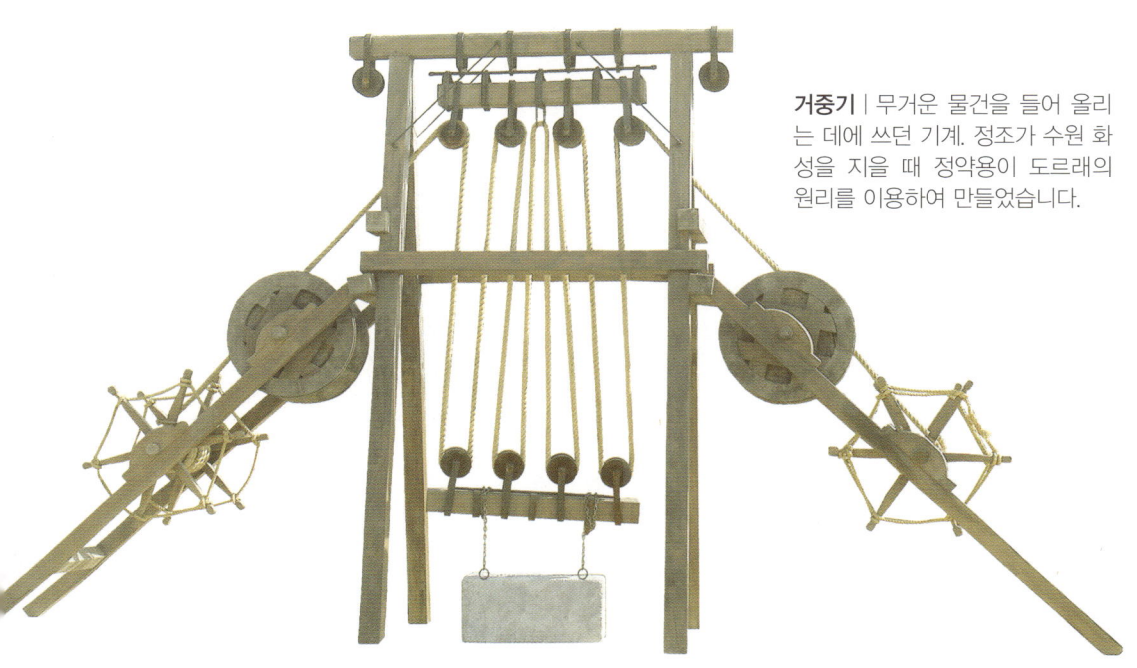

거중기 | 무거운 물건을 들어 올리는 데에 쓰던 기계. 정조가 수원 화성을 지을 때 정약용이 도르래의 원리를 이용하여 만들었습니다.

그런데 정약용을 아끼던 정조가 세상을 떠나자 조정의 신하들은 정약용을 모함하여 전라도 강진으로 유배를 보냈어요.

유배 생활 18년 동안 정약용은 학문을 연구하고 제자들을 길러 냈어요. 『목민심서』 『경세유표』와 같은 훌륭한 책도 500여 권이나 썼지요.

잘못된 제도를 고치고 기술을 개발해야 한다는 정약용의 생각은 많은 사람들에게 영향을 끼쳤답니다.

43
근대 과학의 아버지로 불리는
갈릴레이

국적 이탈리아 **출생~사망** 1564년~1642년
업적 천체 망원경을 발명하여 지구가 태양 주위를 돈다는 사실을 관찰하고 증명함.

　수학과 과학을 좋아한 갈릴레이는 실험을 통해 증명하는 것을 중요하게 생각했어요. 그래서 직접 천체 망원경을 만들어 하늘의 별을 관찰했어요.
　당시 사람들은 태양이 지구 주위를 돌고 있다고 믿었어

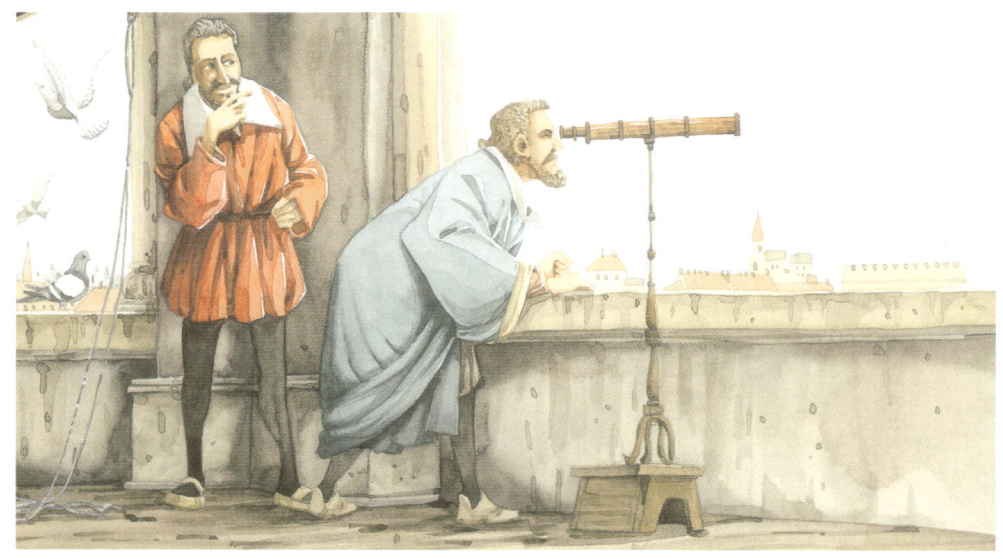

요. 하지만 갈릴레이는 지구를 비롯한 많은 별들이 태양 주위를 돌고 있다는 것을 알아냈어요. 갈릴레이가 알아낸 것을 발표하자 사람들은 말도 안 되는 소리라며 비난을 퍼부었어요.

'지구는 태양 주위를 돌고 있다. 언젠가는 내 주장이 옳다는 게 밝혀질 거야!'

갈릴레이는 자신이 연구하여 발견한 법칙과 이론들을 체계적으로 정리하여, 책으로 펴냈어요. 그리하여 갈릴레이를 '근대 과학의 아버지'라 부르고 있어요.

갈릴레이 동상 | 이탈리아 피렌체에 있는 우피치 미술관에 있습니다.

하나더 천동설과 지동설

지구가 우주의 중심에 있고 별들이 그 주위를 돌고 있다는 생각을 '천동설', 태양이 우주의 중심에 있고 다른 별들이 그 주위를 돌고 있다는 생각을 '지동설'이라고 해요. 옛날 사람들은 천동설을 믿었지만, 과학이 발전하면서 지동설이 옳다는 것을 알게 되었어요. 지동설을 처음 주장한 사람은 코페르니쿠스예요. 갈릴레이는 그의 주장을 뒷받침하는 증거를 찾아낸 사람이에요.

44
사과로 우주의 비밀을 발견한
뉴턴

국적 영국 **출생~사망** 1643년~1727년
업적 사과가 땅으로 떨어지는 모습을 보고
'만유인력의 법칙'을 발견함.

상상력이 풍부했던 뉴턴은 어린 시절부터 이것저것 생각하는 것을 좋아했어요. 호기심도 많아서 남들은 관심조차 기울이지 않는 일에 의문을 품는 경우도 많았답니다.

어느 날, 뉴턴이 사과나무 아래서 휴식을 취하고 있는데 툭, 사과 한 개가 떨어졌어요. 누구나 보아온 이 광경을 뉴턴은 놓치지 않았어요.

'사과는 왜 하늘로 올라가지 않고 땅으로 떨어지는 걸까? 무슨 이유가 있을까?'

궁금증을 해소하기 위해 연구를 거듭한 뉴턴은 우주에 있는 모든 물체는 서로 끌어당기는 힘이 있다는 것을 발견했어요. 이것을 '만유인력의 법칙'이라고 해요. 지구와 사

과는 서로를 끌어당기지만, 지구가 사과를 끌어당기는 힘이 더 커서 사과가 땅으로 떨어졌다는 것이지요.

렌즈 대신 거울을 사용한 반사 망원경도 만든 뉴턴은 수학자이면서 물리학자로 과학 발전에 큰 공헌을 했답니다.

> **하나더**
>
> ### 만유인력의 법칙
>
> 모든 물체 사이에는 서로를 끌어당기는 힘이 있어요. 이것을 '만유인력'이라고 하지요. 사과와 지구 사이에도 만유인력이 있어요. 하지만 지구의 힘이 사과의 힘보다 훨씬 크기 때문에 사과는 지구 쪽으로 당겨지는 거예요. 이러한 사실을 발견한 뉴턴은 만유인력의 크기를 계산할 수 있는 공식도 만들었어요. 이것을 '만유인력의 법칙'이라고 해요.

45

1000여 종의 특허를 낸 발명왕
에디슨

국적 미국 **출생~사망** 1847년~1931년
업적 전등, 전화기, 영사기, 발전기, 선풍기 등 우리 생활을 편리하게 해주는 물건을 여럿 발명함.

　에디슨은 초등학교에 입학했지만 엉뚱한 행동으로 퇴학을 당했어요. 에디슨의 어머니는 에디슨이 호기심이 많아서 그런 것이라며 집에서 교육을 시켰어요.
　에디슨은 무엇이든 직접 실험해 보는 것을 좋아했어요. 친구를 불러 하늘로 떠오

틴포일 축음기 　　　 에디슨 전구 　　　 에디슨이 발명한 전화기

　르는 실험을 했던 일화는 유명해요.

　청년이 되어 전신 기사로 일했던 에디슨은 넘치는 아이디어로 전기 투표 기록기, 탄소 전화기, 축음기, 영화 촬영기, 영사기 등 수많은 발명품을 세상에 내놓기 시작했어요. 그 가운데 가장 유명한 발명품은 바로 전구예요. 어둠을 밝혀 주는 전구 덕분에 사람들의 삶은 훨씬 편리해졌어요.

하나더
원래 있던 것을 더 좋게 만든 에디슨

전구를 처음 발명한 사람은 에디슨이 아니에요. 당시 여러 사람들이 전구를 만들었는데, 모두 오랫동안 빛을 유지하지 못했어요. 에디슨은 여러 가지 재료를 이용해서 실험을 하여 오늘날 우리가 사용하는 전구를 발명했어요.

46

라듐을 발견한
마리 퀴리

국적 프랑스(폴란드 출생)   **출생~사망** 1867년~1934년
업적 방사능을 연구하여 방사성 원소의 하나인
라듐·폴로늄을 발견함.

폴란드의 수도 바르샤바에 한 아이가 태어났어요. 작고 귀여운 여자아이, 마리 스클로도프스카였어요.

총명했던 마리는 공부를 아주 잘했어요. 마리는 공부를 계속하고 싶었지만, 그 시절 폴란드에서는 여자가 대학에 들어갈 수 없었어요. 마리는 유학을 결심했지요.

"여자도 대학에 갈 수 있는 프랑스로 보내 주세요."

프랑스의 소르본 대학에 들어간 마리는 수학과 물리학을 공부했어요. 그리고 함께 공부하면서 친해진 물리학자 피에르 퀴리와 결혼했어요.

두 사람은 창고를 연구실로 만들어 함께 방사능을 연구했고, 마침내 새로운 원소를 발견했어요. 마리는 너무 기뻐 말

했어요.

"내 조국 폴란드의 이름을 따서 폴로늄이라고 해요!"

몇 달 뒤에는 또 하나의 새로운 원소를 발견했어요. 이번에는 '라듐'이라고 이름 붙였지요.

퀴리 부부 | 마리 퀴리와 남편 피에르 퀴리는 새로운 방사능 물질인 폴로늄을 발견하여 노벨 물리학상을 받았습니다.

폴로늄과 라듐을 발견한 퀴리 부부는 1903년 노벨 물리학상을 받았어요. 덕분에 피에르는 파리 대학의 교수로 일하게 되었지만, 2년도 안 된 어느 날 그만 사고로 세상을 떠나고 말았어요.

슬픔에 잠겨 있던 마리는 남편 피에르의 몫까지 연구를 해야겠다고 결심했어요. 마리는 연구를 거듭한 끝에, 라듐이 병을 치료하는 효과가 있다는 것을 알아냈어요.

과학계에 큰 업적을 남긴 마리는 1911년 노벨 화학상을 받았어요. 하지만 너무 많은 양의 방사능에 노출된 탓에 백혈병으로 세상을 떠나고 말았어요.

47

세상을 바라보는 시각을 바꾼
아인슈타인

국적 미국(독일 출생) **출생~사망** 1879년~1955년
업적 상대성 이론, 우주론, 양자 이론 등을 발표하면서 현대 물리학의 대가로 인정받음.

독일에서 태어난 아인슈타인은 딱딱하고 무거운 학교 수업에 흥미를 느끼지 못했어요. 그래서 학교를 그만두고 혼자 공부를 한 뒤 대학에 들어가 수학과 물리학을 공부했어요.

아인슈타인은 직장에 다니며 연구를 하여 '상대성 이론'을 발표했어요. 세상을 보는 시각을 완전히 바꾸어 놓은 상대성 이론 덕분에 아인슈타인은 세계적인 물리학자가 되었어요.

하지만 사람들은 상대성 이론을 핵무기를 만드는

데 사용했어요.

'내 연구가 사람들을 죽이는 일에 사용되다니!'

자유와 평화를 사랑했던 아인슈타인은 핵무기 반대 운동을 펼쳤어요.

'특수 상대성 원리', '일반 상대성 원리', '광양자 가설', '통일장 이론' 등을 발표한 아인슈타인은 노벨 물리학상을 받았어요.

> **하나 더**
>
> ### 아인슈타인이 미국으로 간 이유
>
> 1933년부터 1945년까지 독일을 통치한 히틀러는 독일인만 우월하다는 생각을 가지고 있었어요. 그래서 유대인, 집시, 장애인을 탄압했어요. 유대인 출신인 아인슈타인은 더 이상 독일에서 살 수 없었어요. 그래서 1933년에 미국으로 망명했어요.

48

휠체어에서 우주를 연구한
스티븐 호킹

국적 미국　**출생~사망** 1942년~2018년
업적 온몸이 굳어지는 불치병을 앓으면서도 우주 연구의 꿈을 버리지 않고 '블랙홀'의 비밀을 밝혀 냄.

　영국에서 태어난 호킹은 대학에서 물리학을 공부했어요. 그런데 스물한 살이 되던 해 몸속의 운동 신경이 차례로 파괴되어 근육이 위축되는 루게릭병에 걸리고 말았어요.
　점점 몸을 움직일 수 없게 되어 휠체어에 의지해 생활하고, 말을 할 수 없게 되어 컴퓨터를 이용해 의사소통을 해야 했어요.

'우주는 언제 어떻게 만들어졌을까?'

몸은 장애로 불편했지만, 호킹은 우주 물리학에 대한 관심을 놓지 않았어요. 불굴의 의지로 연구를 이어 나간 호킹은 빅뱅 이론(우주가 대폭발로 시작되었다는 이론)을 발전시켰어요. 블랙홀(강한 중력을 지녀 주위의 모든 물체를 삼켜 버리는 천체로, 암흑의 공간이라는 뜻)에 대한 새로운 이론도 발표했지요.

'아인슈타인 다음으로 천재적인 물리학자'로 꼽히는 호킹은 2018년 세상을 떠났어요.

> **하 나 더**
>
> ### 우주 물리학이란 무엇일까요?
>
> 자연 현상의 법칙을 연구하는 물리학으로 천체와 우주를 연구하는 학문을 '우주 물리학'이라고 해요. 우주 물리학자들은 빅뱅 이론이나 블랙홀 등 우리 눈에 보이지 않는 것들을 수학적인 방법으로 연구한답니다.

49 상상력으로 21세기의 아이콘이 된
스티브 잡스

국적 미국　**출생~사망** 1955년~2011년
업적 반짝이는 아이디어로 애플 컴퓨터와
아이폰, 아이패드 등 혁신적인 제품을 내놓음.

　어린 시절부터 컴퓨터에 관심이 많았던 잡스는 스티브 워즈니악과 '애플'이라는 컴퓨터 회사를 세웠어요. 애플의 컴퓨터는 큰 인기를 끌었지만 좋은 시절은 오래가지 않았어요. 이후에 만들어진 제품들이 잘 팔리지 않았기 때문이에요.

아이패드와 스티브 잡스(왼쪽) | 2010년 1월 아이패드를 출시하고 제품 설명을 하고 있는 스티브 잡스.
애플의 천국을 이루고 떠난 스티브 잡스(오른쪽) | 2011년 10월 5일, 췌장암 투병 끝에 56세의 젊은 나이로 세상을 떠났습니다.

"애플이 어려워진 이유는 잡스 당신 때문이오. 나가시오!"

회사에서 쫓겨난 잡스는 좌절하는 대신 다른 일을 하며 때를 기다렸어요.

12년 만에 다시 애플로 돌아오는 데 성공한 잡스는 아이팟, 아이폰, 아이패드 등을 세상에 선보였어요. 첨단 IT 기술과 예술적 감각을 결합한 애플의 제품들은 사람들의 마음을 사로잡았어요.

하지만 안타깝게도 췌장암으로 56세의 나이로 세상을 떠났어요.

50 마이크로소프트사를 세운 컴퓨터 황제
빌 게이츠

국적 미국　**출생~사망** 1955년~
업적 컴퓨터 운영 체계의 표준 'MS-DOS'와 '윈도' 프로그램을 개발하여 IT산업을 이끌고 있음.

빌 게이츠는 학교 성적은 중간 정도되는 장난꾸러기였어요. 하지만 책을 무척 좋아해 지식이 풍부했어요.

학교에서 처음 컴퓨터를 접한 빌 게이츠는 컴퓨터의 매력에 푹 빠졌어요. 당시의 컴퓨터는 복잡한 명령어를 입력해야 했기 때문에 아무나 작동시킬 수 없었어요. 하지만 빌 게이츠는 간단한 프로그램을 만들 수 있을 정도로 컴퓨터를 아주 잘 다루었답니다.

'컴퓨터를 좀 더 쉽게 사용할 수 있는 방법이 없을까?'

친구인 폴 앨런과 함께 마이크로소프트사를 세운 빌 게이츠는 개인용 컴퓨터 운영 체제 개발에 힘을 기울였어요. 그리고 마침내 '윈도'를 개발했어요. 컴퓨터를 더 쉽고 편리하게 사용할 수 있게 해 준 윈도 덕분에 마이크로소프트사는 거대한 회사가 되었어요. 더불어 빌 게이츠는 세계 최고의 부자가 되었지요.

2004년 이탈리아 밀라노의 빌게이츠

빌 게이츠는 자신이 번 돈을 어려운 사람들을 위해 쓰고 싶었어요. 그래서 33년간 이끌던 회사에서 물러나 아내와 함께 자선 사업에 전념하고 있답니다.